Denk- und Konzentrationsaufgaben

76 Arbeitsblätter für die Sekundarstufe I
mit spielerischen Aufgaben
für Vertretungsstunden und andere Anlässe
von Horst Stephan

Ernst Klett Verlag
Stuttgart München Düsseldorf Leipzig

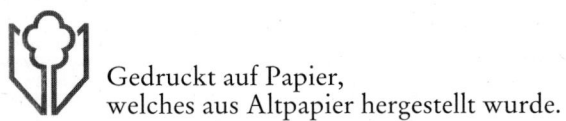 Gedruckt auf Papier,
welches aus Altpapier hergestellt wurde.

Die Deutsche Bibliothek – CIP-Einheitsaufnahme

Stephan, Horst:
Denk- und Konzentrationsaufgaben:
76 Arbeitsblätter für die Sekundarstufe I
mit spielerischen Aufgaben für Vertretungsstunden
und andere Anlässe / von Horst Stephan. –
2. Aufl. – Stuttgart; München; Düsseldorf; Leipzig:
Klett, 1996
ISBN 3-12-927924-5

2. Auflage 1996
Alle Rechte vorbehalten
© Ernst Klett Verlag für Wissen und Bildung GmbH, Stuttgart 1996
Umschlaggestaltung: BSS Werbeagentur Sachse und Partner, Bietigheim
Gesamtherstellung: Wilhelm Röck, Weinsberg. Printed in Germany.
ISBN 3-12-927924-5

Inhalt

Zum Praxisproblem

Der Blick auf den Vertretungsplan löst bei vielen Lehrern ein gewisses Unbehagen aus, wenn sie feststellen, daß sie im Unterricht einer anderen Klasse eingesetzt sind.

Dieses Praxisproblem beruht auf verschiedenen Erfahrungen:
- Vertretungsunterricht muß oft kurzfristig übernommen werden, so daß er aus Zeitnot nicht vorbereitet werden kann; selbst das Suchen nach geeigneten Materialien scheitert meist aus Zeitmangel.
- Es fehlen die Ziel- und Inhaltsvorgaben der zu vertretenden Kollegen; diese Informationslücke läßt sich nicht immer durch pädagogisches Geschick überbrücken.
- Vertretungsstunden sind oft belastend, weil die Schüler an einen bestimmten Erziehungs- und Unterrichtsstil bzw. feste Interaktionsformen und Rituale gewöhnt sind, die sich nicht übertragen lassen.
- Vertretungsunterricht führt zu Mißerfolg und Disziplinschwierigkeiten, wenn die Erwartungen der Lernenden nicht mit denen der Lehrenden übereinstimmen.
- Es fehlen didaktische Materialien und Programme, die sich für Vertretungsstunden besonders eignen; letzteres hängt auch damit zusammen, daß es kaum theoretisches Interesse für diese Kategorie von Unterricht gibt. (Anm. 1)

Es läßt sich also konstatieren, daß Vertretungsstunden im schulischen Alltag zu den unbefriedigenden Erziehungs- und Unterrichtssituationen zählen. Zum anderen ist festzustellen, daß Vertretungsunterricht eine Reihe fruchtbarer Lehr- und Lernmomente aufweist. So erleben Lehrer und Schüler Lerninhalte ohne fachlichen Druck und sammeln neue Erfahrungen im Umgang miteinander. Insofern will die angebotene Materialsammlung eine Hilfe sein, Vertretungsstunden gewinnbringend zu gestalten. Dies beruht auf dem Vorhaben, aus z.B. Rätselheften sowie der Literatur für „Fitneß- und Intelligenztraining" Aufgaben- und Übungselemente zu entlehnen und didaktisch-methodisch für unterrichtliche Zwecke aufzubereiten. (Anm. 2)

Methodisch-didaktische Hinweise

Die folgenden Arbeitsblätter sind nach drei Kategorien geordnet:
- Konzentration (A 1 – A 31)
- Logisches Denken (A 32 – A 56)
- Wortgebundenes Denken (A 57 – A 76)

Die Grenze zwischen diesen Aufgabenfeldern ist fließend. – **Ziel** der Aufgaben ist es, Konzentrationsfähigkeit in oft spielerischer Auseinandersetzung mit abwechslungsreichen Übungen zu trainieren und Anstöße zu geben, die logisch-analytisches, anschauungs- und wortgebundenes Denken fördern.

Die Aufgabensammlung ist nicht nur für Vertretungsunterricht gedacht, sondern eignet sich auch für andere **Übungsanlässe** – wie z. B. Förderunterricht und Randstunden, die durch Desinteresse und Leistungsabfall gekennzeichnet sind. Auch für Fachunterricht – z. B. Deutsch – dürften viele Arbeitsblätter geeignet und willkommen sein, weil sie Inhalte und Lernstrategien anbieten, die Schulbücher und Lehrpläne vernachlässigen.

Für den Einsatz vieler Aufgaben bietet sich folgendes Modell an:
- Bevor die Arbeitsblätter verteilt werden, wird das Interesse auf das erste (Übung-) Beispiel gelenkt, an der Tafel fixiert und besprochen.
- Es wird zugleich eine „Testsituation" angesagt und deren Bedingungen erläutert: individuell, still, möglichst zügig, aber exakt zu arbeiten. – Bei einer Reihe des Aufgabentyps „Konzentration" bietet sich „Tempomotivation" an; hier bleibt es dem Lehrer überlassen, welche Zeit er für eine Aufgabe festlegt. Ersteres gilt auch für die vorgesehene „Punktegebung".
- Die Aufgabe wird in Stillarbeit erfüllt, dann deren Ergebnisse vorgetragen und bewertet.

Falls noch Unterrichtszeit verbleibt, bietet sich eine Anschlußübung an, die den Charakter der zurückliegenden (z. B. Denk-) Aufgabe besitzt. Dies kann die Fortsetzung einer Wortreihe, aber auch die einer zeichnerischen Aufgabe sein.

Auf den ersten Blick sind hier Buchstaben willkürlich aneinandergereiht. Doch in diesem „Buchstaben-wirrwarr" stecken viele, kleine und sinnvolle Substantive. Unterstreiche und zähle sie!

```
bemnoperhijkmanntuvwxayztastgluaqjölälipihausnptyv
vcrpbioanmganstafprhoipbtdübspmlasttvziacdfhjratsn
üxyofennihctgideiänotsuafkxvwzumistshcuellgarnneist
gactzhutgltwrcpabtaäxtostnortenatlgassjorttpnagödtrq
zhtgbffalluhctmutüerbducichwriggeldplleuäbdaabclist
pitsnmarztadcdaohzpkmueigzpvwahiballxoelmtalrutpxli
elhnäsüpevsuwvilcbcälinustabpalniesenutgjktonvzrsp
tofuenspanwtrfqlsabxxypüqulwcdnmätzabveitcbzäknall
salünuetbpncmloprstnvxzwleibgehnenienplfuztrscänuns
ghpilzakczbphhtrspdlabcghiäjtpfgehfroseqöplpmczxyiv
pefghctrzzankahctblapvddsürtoktrtagwameifruvwabcdfs
afghpaarsabrloftvxwndankplfihtazwäijztalpuasketrehts
pfghjzpijlmwznöäüztovvweinghtvacltuwxdjkkhalsaieips
auesrgptwwqüzöjlnuvxywandbchungnmaotzcfhrosfstabs
anlüblcwoodwutnrlabsjdthifleaxpbdtpfälcwindndnahklk
xzäaidjehgpaffrzeitgcvptziepgehäpflezieldtsdiedrefdsz
adsrahcttodnurgottnieneinichtoogehtesquvtlmmsolerav
mastdasosbazübviefrehdehneuvwpollmauäztshcnonviel
luieäschuptsvxqmadiebpipsiebfvoleghxäüneireitzvwghe
iksjwrumöpösöleidenrpsgastjfpaabcxtpfgfhiiabewxgasb
rsgpvwchatozghptsscxylmnaoyxznotefgzäptrtzüdefthklm
viellieväüsbcdringghctvxznmjäbrottsgjöpdtpäslafkhaus
veipddfiabctudghaoeipvxqobernatzteitpvweeilghtatrvz
mäjtjabvgjäümzanklpaubsalbstaubtöievghhdgvjbbendeos
```

In diesem „Buchstabenwirrwarr" verbergen sich 16 Sprichwörter. Du entdeckst sie, wenn du die unnötigen Buchstaben ausstreichst. Merke: In jedes Wort ist ein „falscher" Buchstabe eingefügt. Zwischen den Wörtern stehen jeweils zwei unnötige Buchstaben. Der Buchstabe X oder Y schließt jedes Sprichwort ab. Notiere die Sprichwörter im Heft!

```
ABGUETERCDRAATEFISSTBØTEEUER
XALLERQPANNFANGCZISSTMN
SCCHWERXBLINDDEROOEIFEERKG
SCHAADETJPNUURYWEERVWZUERSAT
BAKOOMMTLTMAHLETSBZUERRSTX
STETEERMNTROPFEENPOHÖHLDTRO
DEENSZSTEIENYJEDTERUWISZTNM
SEIMNESLRGLÜÄCKESPHSCHMIIEDX
JEADERATIZSTNTSICCHKGSEILBST
DVDEFRUVNIÄCHSTEYEIINCAVOALLER
STBAEUCHAUSTUDTIERTAUNICHHTGT
GERMNXWAASEFLANGKESTWÄHRDT
EUWIRRDFEENDLIICHPJGUATYWIIE
TDMAENDTSIECHWVBEETTETVRSSOWV
LIEGKTRSMAANXEEINWWGUÜTESAB
GEWVISSENSOIISTCZEIINVGSANMFTES
JARUHHEKISSENXEEINZCSCHLEÄCHTES
PREEIOOVERDIERBTVADEENMMBEESTEN
ZWKUTCHENYWEERVAANDEIRNMGEIINEAB
GKRUBETSGRÄÖBTCCFÄULLTWUSELLBST
DVHINNEINXWAASOAIECHLDNIECHTDU
WEEISSJUMACZHTDTMIECHOBNEICHT
RVHEIISSXMAONZUSOALLVWDEENABTAAG
CDNIECHTDDVOURNNDEIMUAAEBEND
TDLOOBENXEIINETVKRÄHHECZHACCKT
IDDEERMNAANDERENAANIECHTOVDIIE
CZAUKGENLBAUUSX
```

A3 Fehlende Buchstaben

In jeder der folgenden Zeilen ist das Alphabet aufgeführt, jedoch fehlen jeweils 3 oder 4 Buchstaben.
Notiere diese und ordne sie zu sinnvollen Wörtern!

1.	A B C D E F G I J L M N O P Q R S T V W X Y Z	<u>H</u>	<u>K</u>	<u>U</u>	<u>KUH</u>
2.	A B C D F G I J K L M N O P Q S T U V W X Y Z	___	___	___	_____
3.	B C D E F G H I J K M N O P Q R S T U V X Y Z	___	___	___	_____
4.	B C E F G H I J K L M N O P Q S T U V W X Y Z	___	___	___	_____
5.	A B C D E F H I J K L M N O P Q R S T V W X Y	___	___	___	_____
6.	A B C D E F G H I J K L M P Q R S U V W X Y Z	___	___	___	_____
7.	A B C D F G H J K L M N O P Q R T U V W X Y Z	___	___	___	_____
8.	A B C D E F G I J K L M N O P Q S T V W X Y Z	___	___	___	_____
9.	B C D E F G H I J K M N O P Q R S U V W X Y Z	___	___	___	_____
10.	A B C D E F G H I J K M N Q R S T U V W X Y Z	___	___	___	_____
11.	A B C D E F G I J K L M N P Q S T U V W X Y Z	___	___	___	_____
12.	B C D E F H I J K L M N O P Q R T U V W X Y Z	___	___	___	_____
13.	A B C D E G H I J K M N O P Q R S V W X Y Z	___	___	___	_____
14.	A B C D E G H I J L M N Q R S T U V W X Y Z	___	___	___	_____
15.	B C D E F G I J K L M O P Q R S T U V W X Y	___	___	___	_____
16.	A B C D E F H J K L M O P Q S T U V W X Y Z	___	___	___	_____
17.	A B C D G H I J K L M P Q R S T U V W X Y Z	___	___	___	_____
18.	B C D E F H I J K L M O P Q S T U V W X Y Z	___	___	___	_____
19.	B E F G I J K L M N O P Q R S T U V W X Y Z	___	___	___	_____
20.	A B C D F G H J K L M N O P Q S U V W X Y Z	___	___	___	_____
21.	A B C D F G H J K L M N O P Q T U V W X Y Z	___	___	___	_____
22.	A B C D F G H J L M N O P Q R T U V W X Y Z	___	___	___	_____
23.	A D E F G I J K L M N O P Q R S T V W X Y Z	___	___	___	_____
24.	A B C D F G H I J K M N Q R S T U V W X Y Z	___	___	___	_____
25.	C D E F G H I J K L M N O P Q S T V W X Y Z	___	___	___	_____

In jeder der folgenden Zeilen ist der Name einer öffentlichen Einrichtung versteckt wie z. B. Rathaus oder Schulen. Streiche bei jedem Wort die Buchstaben, die jeweils in den Klammern darunter stehen, dann setze die „Buchstabenreste" so zusammen, daß sinnvolle Bezeichnungen entstehen!

1. Rasen + Thron + Auge + Sand = <u>Rathaus</u>
   (3, 4, 5)   (3, 4, 5)   (3, 4)   (2, 3, 4)

2. Kies + Rad + Schirm + Enge = _____
   (3, 4)   (2, 3)   (1, 4, 5, 6)   (3, 4)

3. Saft + Schatz + Uhu + Lende = _____
   (2, 3, 4)   (1, 4, 5, 6)   (2, 3)   (4, 5)

4. Spule + Sorte + Pläne + Katze = _____
   (3, 4, 5)   (1, 5)   (4, 5)   (1, 2)

5. Lasche + Wimper + Möbel + Adel = _____
   (1, 2, 6)   (4, 5, 6)   (2, 4, 5)   (3, 4)

6. Thomas + Tee + Naht + Teer = _____
   (3, 4, 5, 6)   (1, 2)   (1, 3)   (1, 2)

7. Post + Linde + Sitz + Eis = _____
   (3, 4)   (3, 4, 5)   (1, 2, 3)   (3)

8. Fee + Ulm + Gerd + Gewehr = _____
   (3)   (2, 3)   (1, 4)   (1, 2)

9. Kraft + Ranke + Naht + Haus = _____
   (4, 5)   (1, 2)   (2, 4)   (1)

10. Kleid + Inder + Gärung + Seiten = _____
    (2, 3, 5)   (1)   (4, 5, 6)   (1, 2, 3)

11. Speise + Lampe + Läuse + Fratze = _____
    (3, 5)   (2, 3, 5)   (3, 4, 5)   (1, 2, 3)

12. Gruß + Sünde + Anlaß + Regen = _____
    (3, 4)   (1, 4, 5)   (5)   (1, 2)

13. Vers + Kehre + Schwein + Lage = _____
    (4)   (5)   (2, 3, 6, 7)   (1, 2)

14. Pol + Steg + Aal + Mast = _____
    (3)   (3, 4)   (2, 3)   (2, 3)

15. Mühle + Laub + Fuß + Uhr = _____
    (3, 5)   (3)   (3)   (1)

16. Stadtrat + Bibel + Ion + Theke = _____
    (6, 7, 8)   (4)   (3)   (5)

17. Otto + Igel + Leiter + Stein = _____
    (1, 2)   (2, 3, 4)   (3, 5, 6)   (1, 4)

18. Angel + Fähre + Menge + Nische = _____
    (1, 2, 5)   (3, 4, 5)   (1, 2, 5)   (4, 5, 6)

19. Beratung + Angst + Gestein + Pillen = _____
    (7, 8)   (1, 5)   (1, 2, 6, 7)   (1 2)

20. Seil + Neid + Ohren + Heimat = _____
    (3, 4)   (2, 4)   (2)   (5, 6)

21. Sturm + Ernte + Hagel + Leinen = _____
    (1, 4, 5)   (1, 4, 5)   (3, 4)   (3, 5, 6)

22. Marder + Kette + Applaus + Tanz = _____
    (4, 5, 6)   (2, 4, 5)   (1, 2, 6, 7)   (2, 3)

23. Brust + Spinnen + England + Plagen = _____
    (4, 5)   (1, 2, 3, 6, 7)   (3, 4, 7)   (1)

Für jede sinnvolle Bezeichnung gibt es 1 Punkt!   **Punkte:** _____

A 5 Falsche Buchstaben

Hier siehst du 4 Spalten mit Buchstabenblöcken. In jedem der Blöcke ist 1 Fehler passiert: Ein Buchstabe in der unteren Zeile stimmt nicht mit dem in der oberen Zeile überein. Streiche den „falschen" Buchstaben! Wieviel Fehler findest du?

	A	B	C	D
1.	D B Z U D B Ø U	V G R D W G R D	T G V D O T H V D O	A C I K L B C I K L
2.	O K H G Ö K H G	A C Q Z A D Q Z	C B Q C A C B O C A	M N V T S M N V T C
3.	V F D E V E D E	Q K O X Q K O Z	J O Q N M J O O N M	S T W G H S V W G H
4.	J N G T J M G T	P R U W P R V W	U V A F E Z V A F E	Z I B L X Z I P L X
5.	U T D E U T D F	X A B D Y A B D	W A C Z T W A C Z I	X Y W Q A X Z W Q A
6.	K L J T K L J Y	Z F G O V F G O	G B K N L T B K N L	D F E J P D F F J P
7.	V B F R V B R R	C Z W I C C W I	K J D H N K I D H N	Q S V X D Q C V X D
8.	Y A E Z T A E Z	G P S A G B S A	H I J W E H I K W E	N P B C G M P B C G
9.	U K O I U K P I	T M N T E M N T	V L O Y J V N O Y J	A C Z M W B C Z M W
10.	F E O A F E Q A	S H K L S J K L	X A B C D X A B C E	U H T D B U H T D P
11.	L G J R L K J R	Z O V U T O V U	U Z B D V U Z B D W	D R G V C D R G V Z
12.	Z H N F Z F N F	I W C D E W C D	C D F I N C E F I N	Z V W G N Z V W M N
13.	E D V B E E V B	H B U M V B U M	P F B G T P F A G T	C M O R X C N O R X
14.	E R T Z I R T Z	W V Q X W V Q Z	U N G J K U N E J K	O P Q S R O P Q S G
15.	G P O D G P A D	P Q R S P O R S	U T W Q R O T W Q R	R A O U I B A O U I
16.	R S T D P S T D	H A R T H A S T	Z A H X I Z A R X I	U G H V P U O H V P
17.	U V W X W V W X	D W S T O W S T	J K L M N J K L M M	W E R T Z W E G T Z
18.	Z C K R C C K R	N M T X M M T X	S D F T W S D F F W	B N M F O B N N F O
19.	J I K L J I G L	G H J K G H U K	G O P Q S G O P Q C	P A T E R V A T E R

Für jeden entdeckten Fehler gibt es 1 Punkt!   Punkte: _____

Hier siehst du 2 Spalten, die aus Zahlen und Buchstaben (Zeilen) bestehen. Spalte A ist das „Original" und Spalte B die „Abschrift". Vergleiche B mit A, und finde heraus, welches Zeichen jeweils falsch abgeschrieben wurde! Markiere den Fehler!

	A Original	B Abschrift
1.	B C 8 V 7 Z A	B C 7̷ V 7 Z A
2.	P 1 T b 6 t G	P 1 P b 6 t G
3.	G Ö o 7 w 9 c	G Ä o 7 w 9 c
4.	H N 3 i P J a	A N 3 i P J a
5.	J 4 Ü 4 F 3 V	J 4 Ü 4 F 3 W
6.	K G 2 d D a 3	K K 2 d D a 3
7.	N Ä E p 9 Z t	N Ö E p 9 Z t
8.	M I 8 d E 1 B	M I 9 d E 1 B
9.	R 3 X e S 6 C	R 3 X e S 6 Z
10.	S O 5 1 Ö B 4	C O 5 1 Ö B 4
11.	T R 4 h j 2 A	T R 4 h i 2 A
12.	U D A a K ä O	U D A o K ä O
13.	X 6 V g Q i f	X 6 V g q i f
14.	Y P 1 G Ü g 9	Y B 1 G Ü g 9
15.	A F Ä j C m L	A F Ä j C n L
16.	S P 9 4 6 N 7	C P 9 4 6 N 7
17.	V 7 B ä Y n ö	V 7 P ä Y n ö
18.	W V C n V 8 e	W V C n V 8 f
19.	C 9 7 U A k Y	C 8 7 U A k Y
20.	N L 4 k H t 1	M L 4 k H t 1
21.	O 7 Ä 1 I A 7	O 7 Ö 1 I A 7
22.	t 4 P T Ü H i	T 4 P T Ü H i
23.	7 L X J 9 D e	Z L X J 9 D e
24.	G I M 2 d B H	G I N 2 d B H
25.	H B y 7 c P f	H B y 7 c P F
26.	9 T U ä 8 l 8	9 T W ä 8 l 8
27.	ä Ä 9 H ü M I	ä Ä 9 H Ü M I
28.	W w 6 4 X n P	W v 6 4 X n P
29.	6 G 4 B Q 1 s	6 g 4 B Q 1 s
30.	4 Q P 3 V W v	4 Q P 3 V W w
31.	A q K a 7 y A	A q G a 7 y A
32.	B p A i 3 Z 7	B p A i 3 Z Z
33.	X s 3 Y 8 C Z	X S 3 Y 8 C Z
34.	Z 3 N M l Ö 4	C 3 N M l Ö 4
35.	D 2 Ä G i F g	D 2 Ö G i F g
36.	I 8 u 7 Ü Z h	1 8 u 7 Ü Z h
37.	J K 9 9 9 0 w	J K 9 9 0 0 w
38.	w e r i S T 3	w E r i S T 3
39.	2 1 a U i q 7	2 1 a U i u 7
40.	M u S i K e R	M u S i k e R

A7 Konzentration 1

Du siehst hier 25 Zeilen, die jeweils aus den Buchstaben b, d, p und q gebildet sind. Streiche in jeder Zeile alle p aus, dann zähle sie und markiere in der Zahlenleiste rechts, wie viele p du gefunden hast!

1. dbdqbpbdqpddpbbqdqdddbbpbbbqpddqpqbdbpdbqbbqpdpbbd — 1234567890

2. pdqdqqddqddpddbpbqbbpddqdqqpbbqbqbpqbbbddqqqqbdpdd — 1234567890

3. dpdbpqdqqbqqpqbqpqdbdpdpqdqdqqbqbdqbbdddbpbbbqdqpd — 1234567890

4. dbbpqpqqpbddqqqddpbbdqdpddbqdqpdbdqbqddpdqpqdbqpdd — 1234567890

5. qpqdpbbqbppdqqdpdbqqqqqdqqpbqdqbdpqbqpbdbdbpdqbbbd — 1234567890

6. bqdpbbqqdpbbqbddbbqbdpbdqdpqqqbdqqdqpbqpbbdpqbdqqd — 1234567890

7. pqdqdpbbpdbdqbpdbbbbqbdbpqqbpqqbddpdbqbdqbpbqdddpq — 1234567890

8. bddqqdqbpbqqbqpqdbbbqpqbdqbqddqbpbbbqqpqbdqbdqdpbb — 1234567890

9. pqqbpbbqqbqbqddqqbqddpbdddqbpdqqdqpbqbbdbbqpdpdpbq — 1234567890

10. dbpbdqbqqqddpqdpqqqdqbpdqdqdqpbdpqpddbdbbqdqpdpdbb — 1234567890

11. bbqbbdpbdbqbbpddbqpqdbqdbdqddqdqdqpdqdddqbddqpddbp — 1234567890

12. qpqqbbbdqbpbbbbbdbqpbdpqdqdqbdpqbqdpbqqqbbpqdddqqbq — 1234567890

13. bdbdqqqbddpbdqbqpdqqpqbpdddbdqbdpbdpqqbqbpbbpdqqbp — 1234567890

14. qdqpbbdqbpdddbqpbbddddbqqqbbdpddpqqbpbbdpddqdqbqpqq — 1234567890

15. bqqqpdqqbdbdpqqbbqbddpbqbpqdbqpbbbpqdbqbdddbpqdbpb — 1234567890

16. pbqbdpqqpqqdbdqbqpddddbbpbbddqbpbqbpqdqqpddbdbdpqb — 1234567890

17. bqqbpdpbqdqpdqbbqdbbpbbbdbbbqqbbpqbdbbbddddqdbpdd — 1234567890

18. qbqbdqdqddbbpdqdbpqbpbdddpbbqbdbqpbqbbdqpdpdqbdbqpd — 1234567890

19. qqpqdbpqqdqdqpbbdbpbbbpqpdbbdbdpqddqdbdpbbdddpdddd — 1234567890

20. hbdddqqqqbqqpdbdpdpbdqdpbqqdpbbbqdpbbbbqbpqdqbdpdq — 1234567890

21. qqpddbdqpqbdbpddpqpdqqqqdbbqqbpqqdbbpqqpdqbbqqdbdp — 1234567890

22. dbbbdqpbddddpqdqdpbdqbbbbbpbdddbdqqbpbqdpbddqdpqbb — 1234567890

23. pbbbbbdqbpqpdbdpdqqqddbbbqqqbqqqdbbbqdqpqbbqbdpbdb — 1234567890

24. pbdqpdbqbqpbqqdbbdqpbqdbbpqbqpqbqbpqdbdddpbddqpddbd — 1234567890

25. dbdqbddddqqbpbdddpdbpdbqqdqqqqqdpbdbpbbdqdqbbqbbpbb — 1234567890

Früher sagte man, daß zu einem „echten" Mann Anzug, Zylinder und Spazierstock gehören und zu einer „echten" Frau langes Haar, Kleid und Handtasche. Konzentriere dich und streiche in den folgenden Reihen (A–L) alle „echten" Männer und Frauen aus und notiere deren Anzahl!

Für die in einer Reihe richtig gezählten „echten" Männer und Frauen gibt es jeweils 2 Punkte!

Punkte: _____

In der nachstehenden Tabelle ist jeder Zahl von 1–26 ein Buchstabe zugeordnet worden. Merke dir diese Zuordnung und decke die Tabelle ab!

1	2	3	4	5	6	7	8	9	10	11	12	13	14	15	16	17	18	19	20	21	22	23	24	25	26
A	B	C	D	E	F	G	H	I	J	K	L	M	N	O	P	Q	R	S	T	U	V	W	X	Y	Z

1. Nun übersetze die folgenden „Zahlen"-Wörter!

a) 18 21 8 5   b) 16 5 12 26   c) 20 21 18 13   d) 8 1 21 19 6 12 21 18

Ruhe _____   _____   _____   _____

e) 2 5 20 20   f) 1 21 20 l5   g) 18 5 9 19   h) 18 15 20 19 20 9 6 20

_____   _____   _____   _____

i) 12 1 19 20   j) 1 4 5 18   k) 2 15 15 20   l) 11 12 1 21 19 21 18

_____   _____   _____   _____

2. Schreibe die folgenden Wörter in Zahlen!

a) Traum   b) Preis   c) Lehre   d) Gartenzaun

_____   _____   _____   _____

e) Markt   f) Hemd   g) Rose   h) Lippenstift

_____   _____   _____   _____

i) Mutter   j) Schule   k) Brot   l) Musterknabe

_____   _____   _____   _____

3. Jetzt sind Buchstaben und Zahlen vermischt. Entschlüssele die folgenden Zeilen!

a) 23 A S 19 5 18   b) 14 A 3 8 R 9 3 8 T   c) 23 5 18 2 U N G

_____   _____   _____

d) F 1 8 18 18 A 4   e) 18 A U 2 20 9 5 R   f) T 9 E 18 G 1 R 20 E 14

_____   _____   _____

g) 19 P O 18 20 A R 20   h) R 5 3 H 14 U 14 7   i) 7 5 W I 3 8 T

_____   _____   _____

Für jedes richtig übertragene Wort gibt es 1 Punkt!   **Punkte:** _____

In die folgenden 3 Spalten A, B und C sollst du Wörter schreiben, die durch Zahlen ersetzt sind. Dazu sieh dir die Tabelle an, in der jeder Zahl ein bestimmter Buchstabe zugeordnet ist!

1	2	3	4	5	6	7	8	9	10	11	12	13	14	15	16	17	18	19	20	21	22	23	24	25	26
A	B	C	D	E	F	G	H	I	J	K	L	M	N	O	P	Q	R	S	T	U	V	W	X	Y	Z

A

1. 20 (T) 1 (a) 20 (t)
2. 5 9 19
3. 18 5 8
4. 18 1 20
5. 23 5 7
6. 1 19 20
7. 20 15 14
8. 2 1 4
9. 8 5 21
10. 2 15 2
11. 2 21 19
12. 19 5 5
13. 14 15 20
14. 20 15 18
15. 13 21 20

B

1. 18 1 14 4
2. 2 1 8 14
3. 23 5 12 20
4. 26 5 12 20
5. 26 1 8 14
6. 11 15 16 6
7. 19 1 1 12
8. 19 1 12 26
9. 10 1 8 18
10. 2 5 9 14
11. 13 21 14 4
12. 18 9 14 7
13. 2 1 12 12
14. 8 1 21 19
15. 2 18 15 20

C

1. 2 12 21 13 5 14
2. 18 5 9 6 5 14
3. 23 21 18 26 5 12
4. 12 1 16 16 5 14
5. 19 3 8 15 16 6
6. 7 1 18 20 5 14
7. 8 5 9 13 1 20
8. 4 1 20 20 5 12
9. 16 21 20 26 5 18
10. 2 5 21 20 5 12
11. 19 20 1 21 4 5
12. 13 21 20 20 5 18
13. 19 3 8 21 12 4
14. 13 15 14 20 1 7
15. 6 9 3 8 20 5

Für jedes richtig geschriebene Wort gibt es 1 Punkt!   **Punkte:** _____

In der folgenden Wortkette ist in jedem Substantiv ein Vokal durch eine Zahl ersetzt. Präge dir die nachstehende Tabelle ein, in der jedem Selbstlaut eine Zahl zugeordnet ist! Decke die Tabelle ab und lies möglichst schnell die Wörter, ohne dich dabei zu versprechen! Dann übertrage die Wortreihen mit Vokal ins Heft!

1	2	3	4	5
a	e	i	o	u

Abf 1 ll – L 1 st – T 3 nte – Erb 2 – Erk 5 ndigung – G 1 ng – G 2 ste –

2 rlaubnis – S 3 eg – G 5 t – T 1 sse – Erdt 2 il – L 1 une – 2 bbe –

End 5 ng – G 2 duld – D 4 m – N 1 tur – R 4 ck – Kält 2 – 2 ichel –

H 5 t – T 1 u – Umba 5 – 5 hr – Räub 2 r – R 3 lle – 2 id –

D 1 ch – He 2 r – R 4 ggen – Neb 2 l – La 5 ne – 2 lend – D 3 ng –

G 2 ld – Dr 4 hung – Ge 3 z – Z 5 fall – L 4 tto – 4 fen – N 1 gel –

L 4 hn – Ni 2 te – 2 isen – N 1 cht – T 1 t – T 2 e – Erm 5 tigung –

G 2 ist – T 5 rm – M 1 us – S 3 eb – Bew 2 is – S 1 lz – Z 5 cker –

Ra 5 ch – H 1 ut – Ti 2 fe – 2 rwerb – B 1 nd – D 1 mm – M 3 ne –

2 infall – L 4 b – B 4 ot – Te 2 – Erz 3 eher – Rück 2 n – N 5 ß –

Sa 1 l – Laub 2 – Ermahn 5 ng – Gest 3 rn – Näss 2 – 2 rnst – Es 2 l –

L 5 der – R 4 ß – S 3 tz – Zigar 2 tte – 2 is – St 1 at – T 5 gend –

D 1 uer – R 2 cht – Tad 2 l – L 1 ster – R 5 te – Eb 2 ne – Ech 4 –

Ob 2 r – R 4 hr – Ra 5 m – M 3 tte – Ers 1 tz – Zi 2 l – L 3 cht –

T 4 n – N 2 tz – Zirk 5 s – Seg 2 n – Ne 3 d – D 1 tum – M 1 hl –

L 2 ib – B 2 il – Lag 2 r – R 1 ng – Garder 4 be – E 3 fer – Ripp 2 –

B 5 tter – Radi 4 – 4 sten – N 3 chte – Einb 1 nd – D 5 den – Narb 2 –

Ern 1 – Abla 5 f – Fab 2 l – Le 3 er – Richt 2 r – R 3 ese – End 2

Zu den folgenden 7 Linien zeichne ein möglichst genaues Spiegelbild!

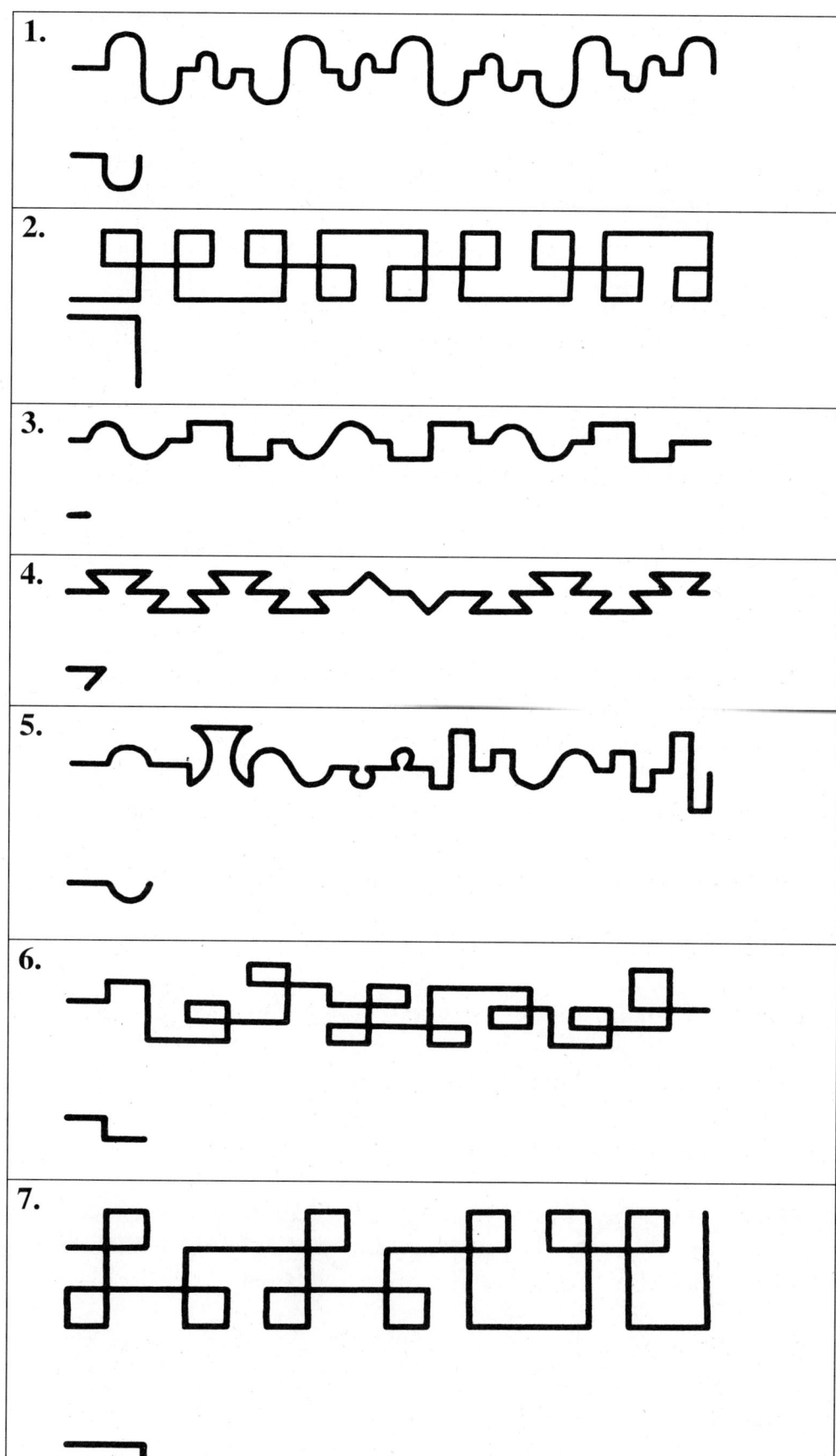

A 13 Sonderbare Linien

Zu diesen 8 „sonderbaren Linien" gibt es jeweils verschiedene Teilstücke (a-c oder a-e). Finde von diesen Stücken diejenigen heraus, die in der Linie darüber enthalten sind!

1.

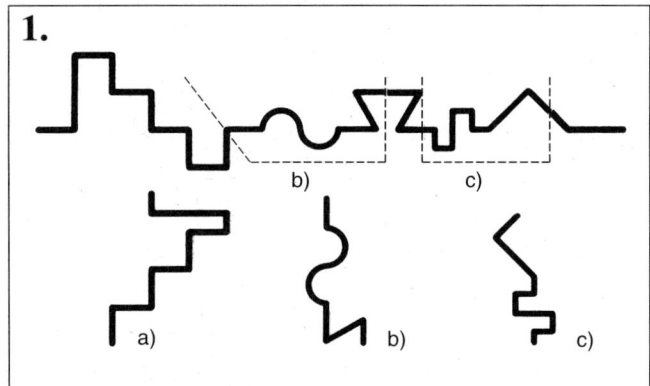

5.

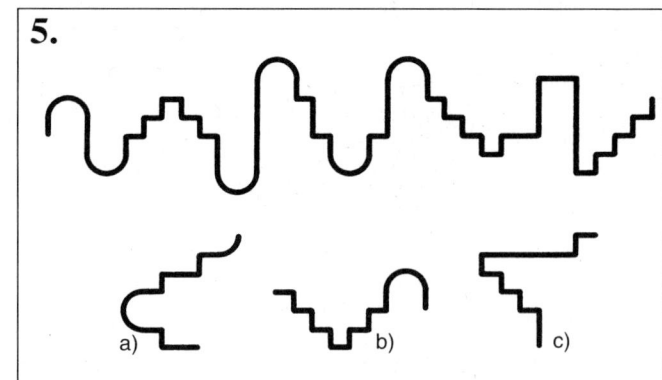

2.

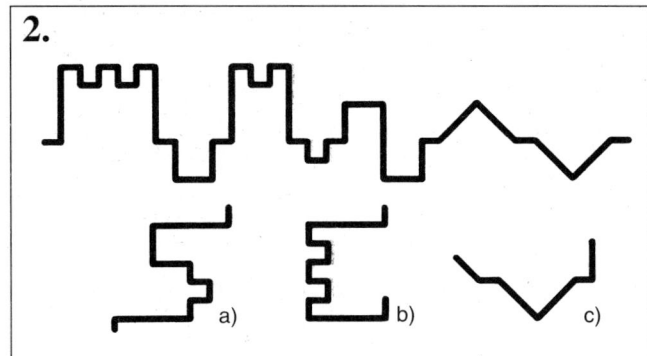

6.

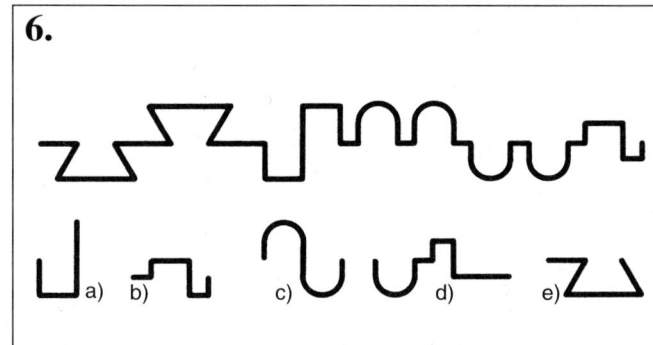

3.

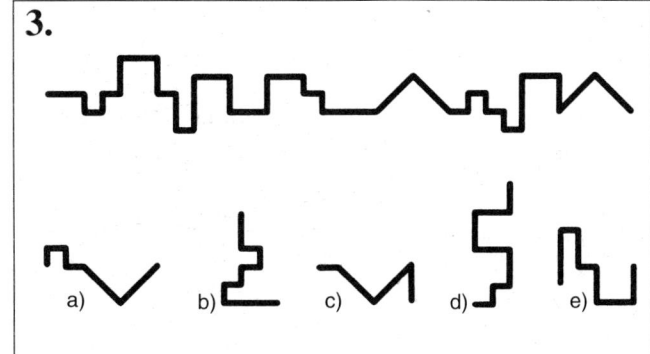

7.

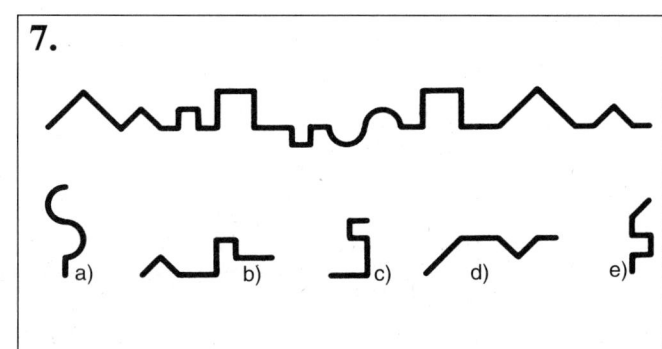

4.

8.

Die nachstehenden Linien I–VI verfolge zuerst nur mit den Augen, ohne die Hilfe eines Bleistifts oder Fingers! Beginne jeweils mit der linken Linie und verfolge sie bis nach unten, dann bei der mittleren und anschließend bei der rechten Linie! Welche Ziffer ist mit welchem Buchstaben jeweils verbunden?

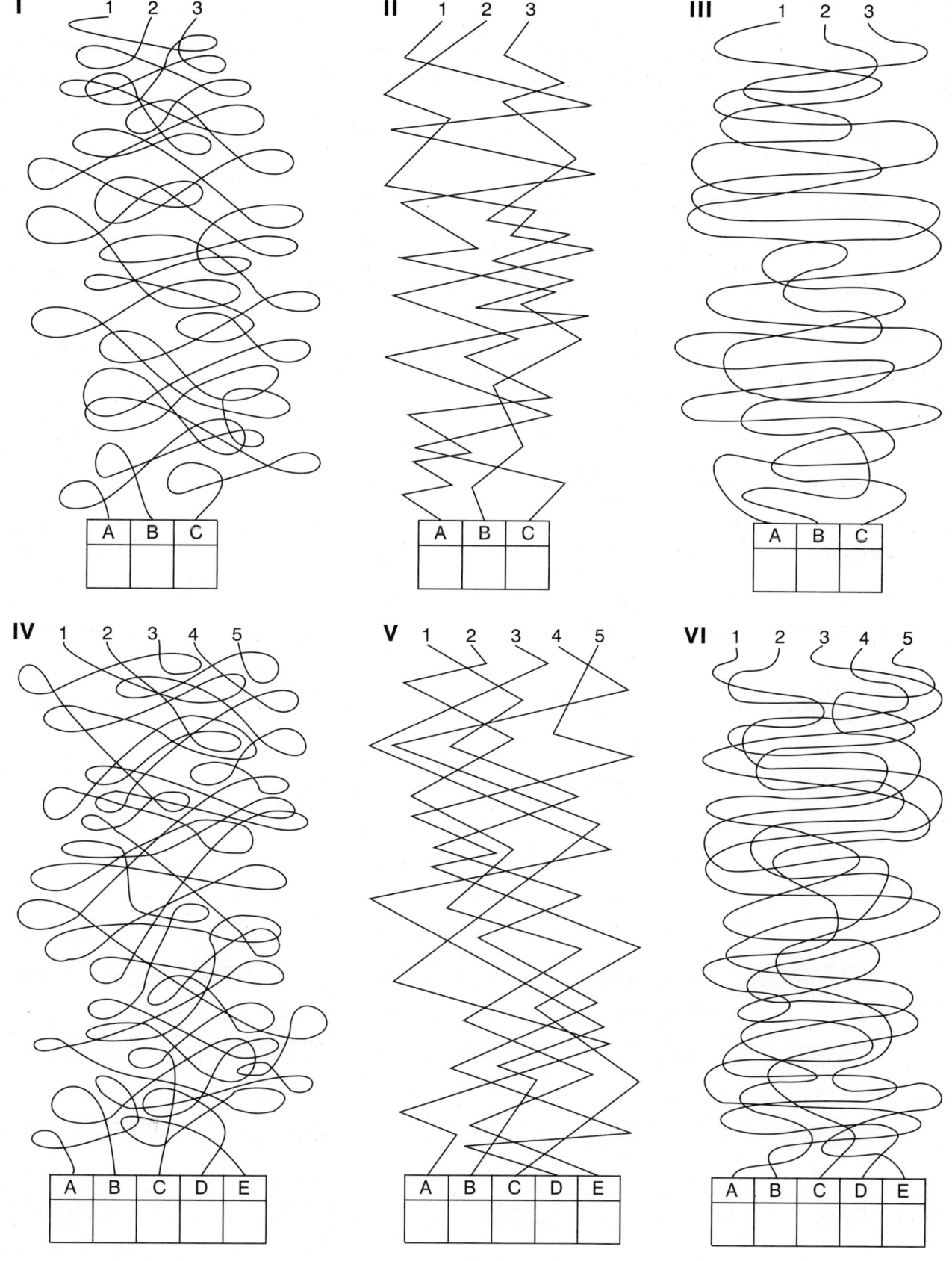

Für jede richtige Zuordnung gibt es 2 Punkte!   Punkte: _____

A 15 Schwarz-weiße Streifen

*In den beiden Kästen **A** + **B** findest du jeweils 5 „schwarz-weiße Streifen", die durch Lücken unterbrochen
sind. Diese Lücken sollst du mit Hilfe der Teilstücke (**A**–**T**) schließen. Schreibe in die Kreise den Buchstaben
des Teilstücks, das die entsprechende Lücke jeweils schließt! Die Länge der Teilstücke ist unerheblich. Einzelne
Teilstücke darfst du mehrmals verwenden.*

A

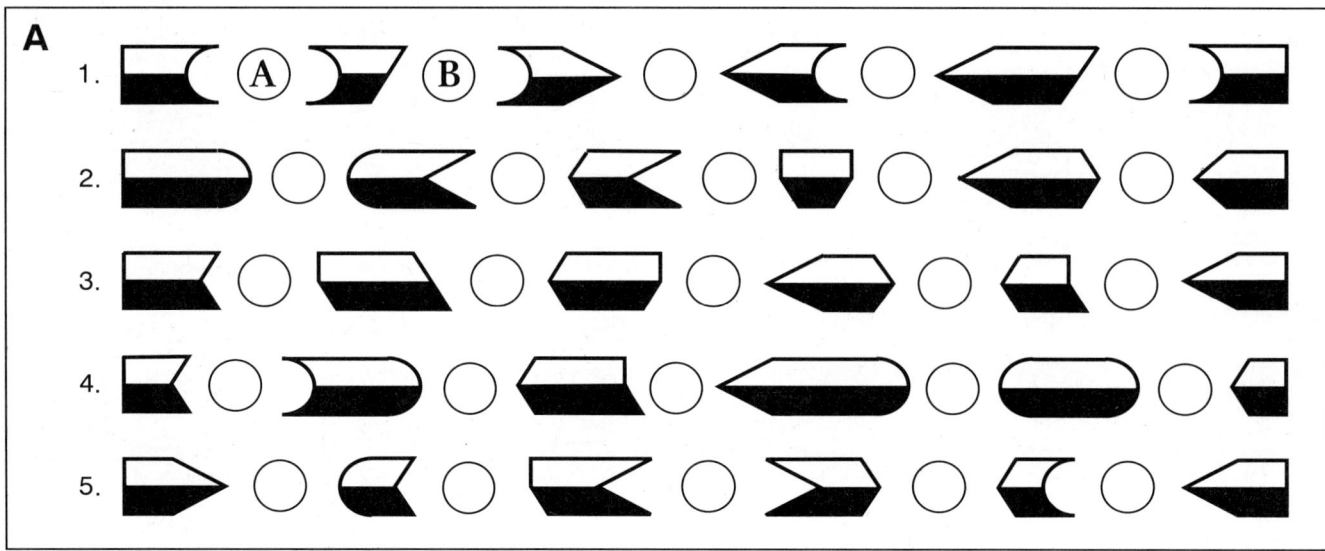

B

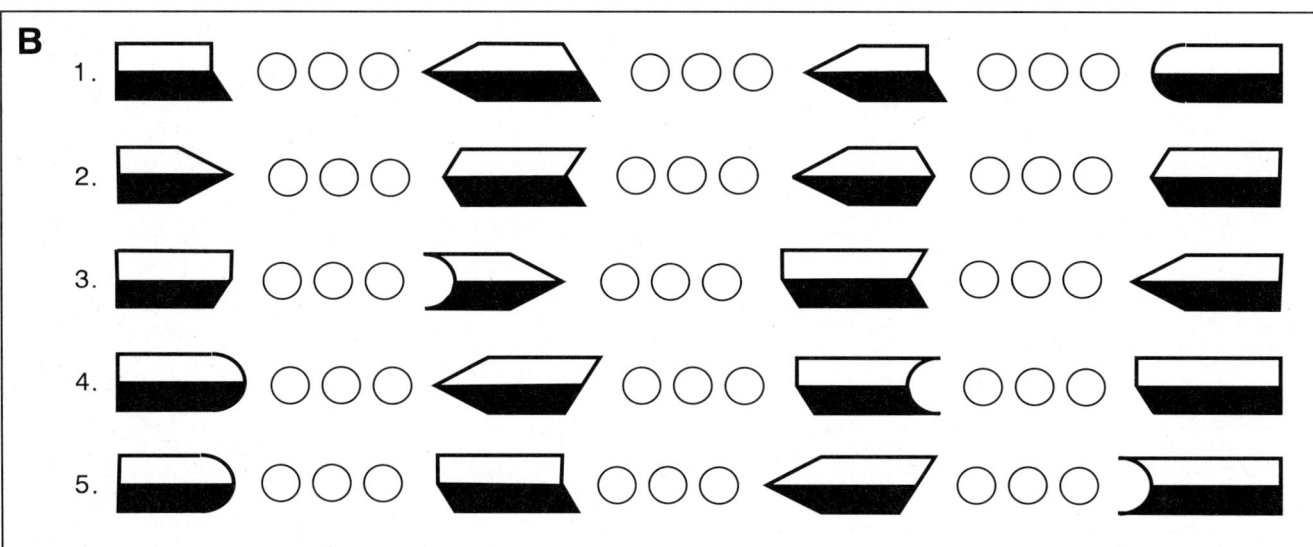

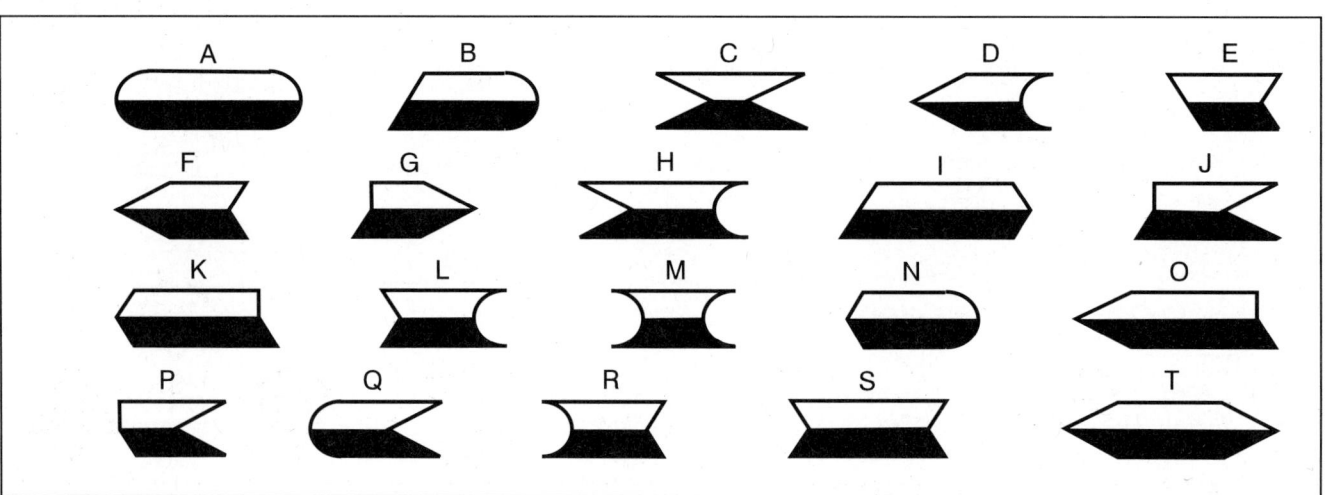

Für jeden richtig geschlossenen Streifen gibt es 5 Punkte!　　　　**Punkte:** _____

„Scharadoide" sind Wörter, die nicht nach Silben, sondern willkürlich getrennt und hier in verschiedenen Figuren (-Gruppen) geschrieben sind. Die Figuren sind durch Linien miteinander verbunden. Verfolge sie und setze die Wortbestandteile zu sinnvollen Substantiven zusammen! Notiere die 10 Wörter!

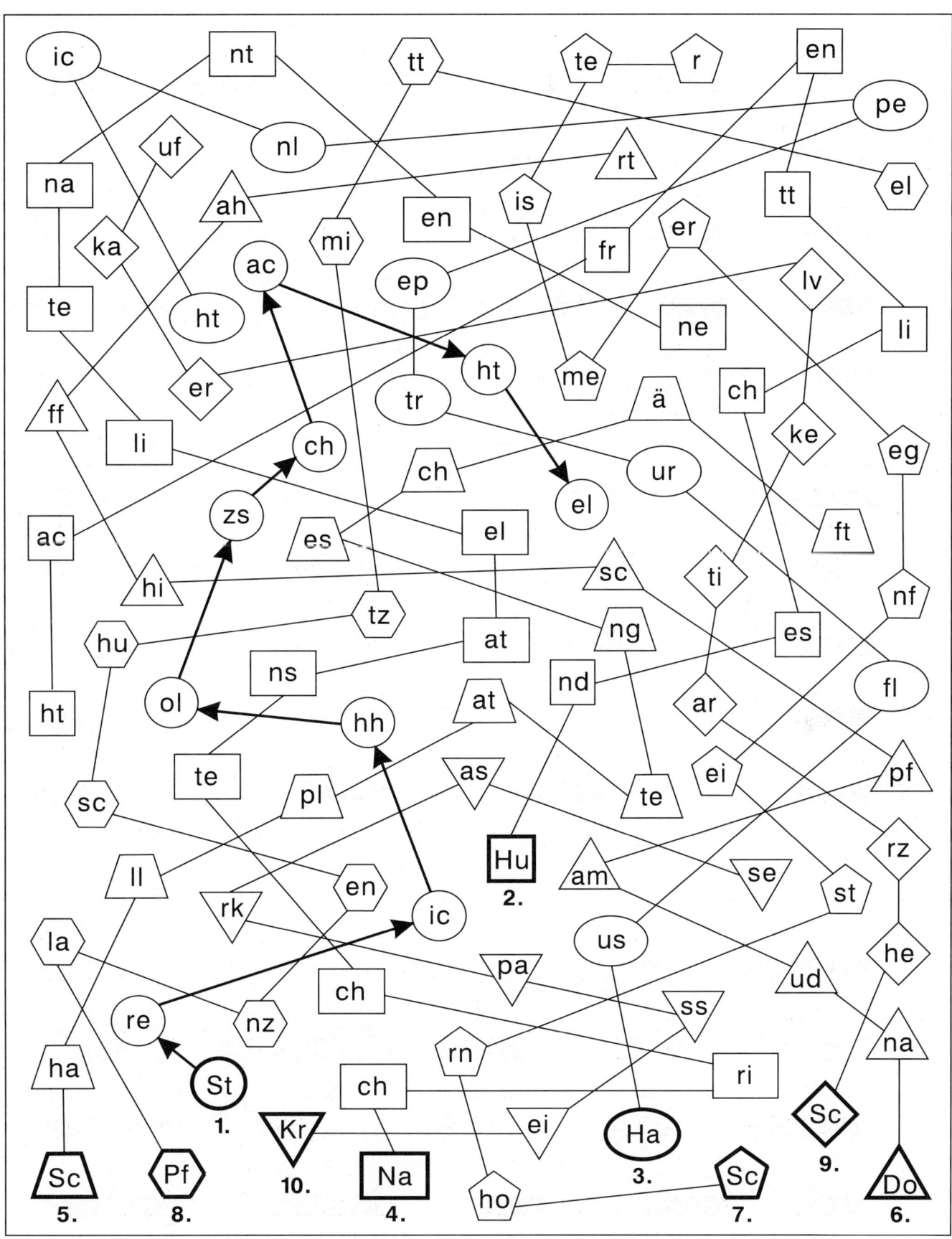

A17 Figuren mit Zeichen

Hier siehst du ein Feld mit geometrischen Figuren, in die Buchstaben und Zahlen eingetragen sind. Konzentriere dich und zähle wie unten verlangt.

1. Kreise mit Großbuchstaben _____
2. Dreiecke mit Kleinbuchstaben _____
3. Quadrate mit römischen Zahlen _____
4. Ovale mit zweistelligen Zahlen _____
5. Rechtecke mit dreistelligen Zahlen _____
6. Fünfecke mit geraden Zahlen _____
7. Sechsecke mit ungeraden Zahlen _____

Hier siehst du verschiedene Gruppen von Symbolen, die du zählen sollst. Dabei beachte, daß die einfachen Symbole **einfach** *und die schwarzen* **doppelt** *zählen. Bevor du beginnst, überlege, wie du am besten vorgehst!*

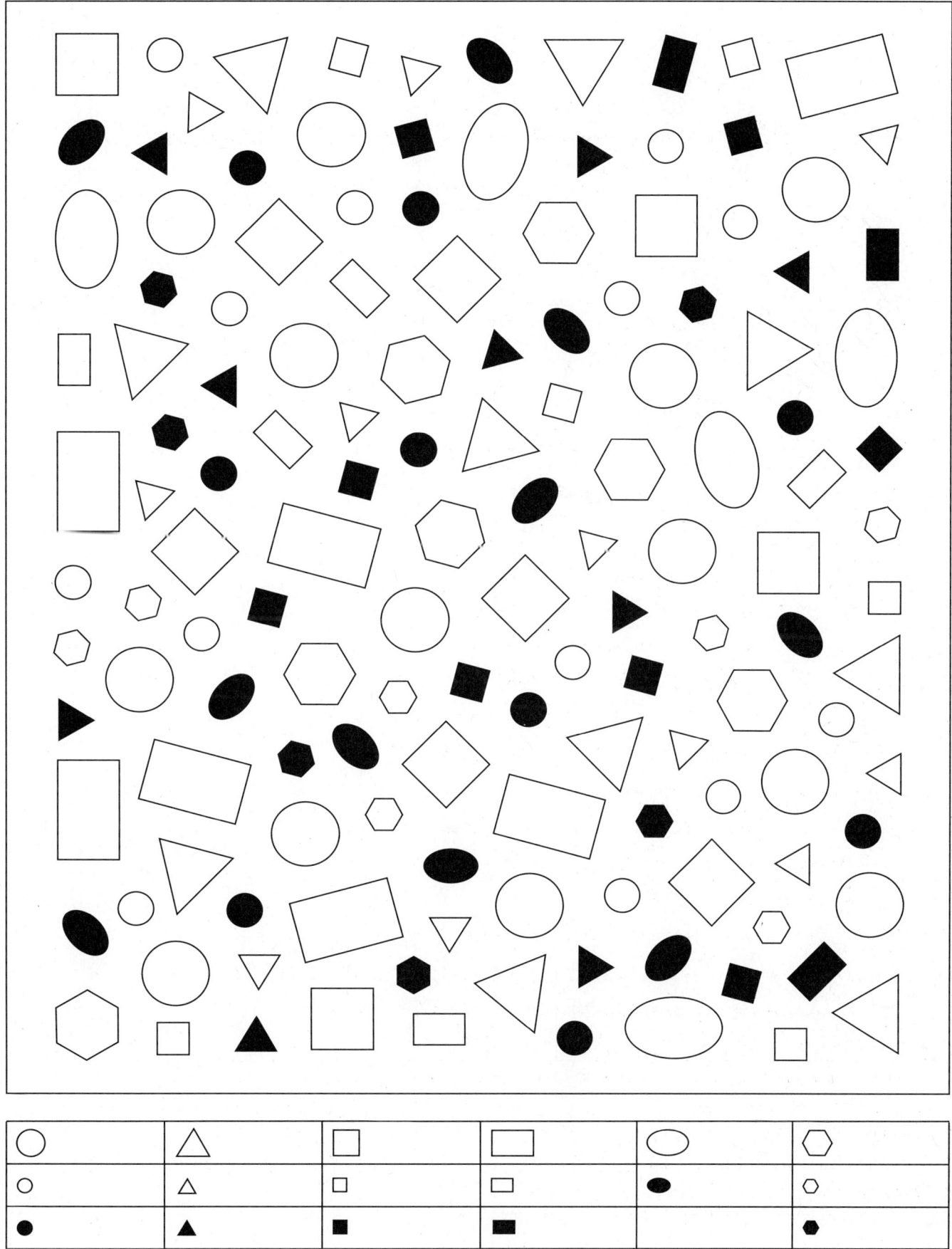

Für jede richtig gezählte Symbol-Gruppe gibt es 5 Punkte!   Punkte: _____

In den folgenden 3 Kästen (A–C) befinden sich verschiedene geometrische Figuren. Bei A und B „schätze",
dann „zähle" sie! Bei C zähle die Anzahl der jeweils unterschiedlichen Figuren!

A

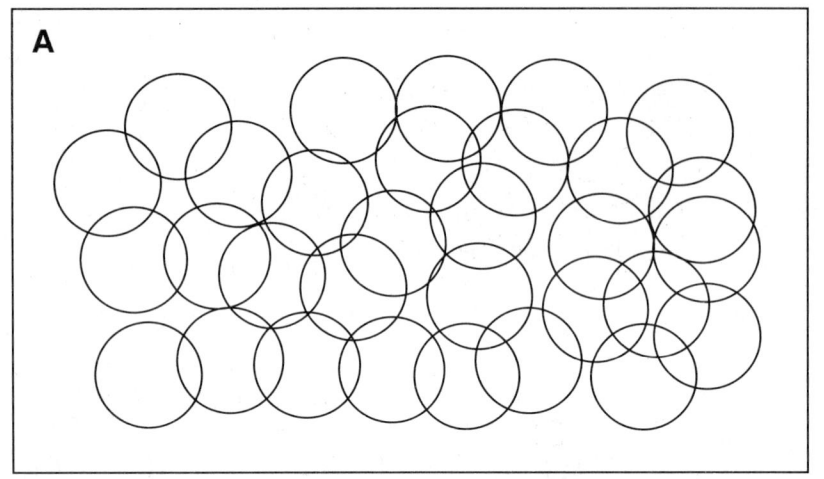

geschätzt
(   )

gezählt
(   )

B

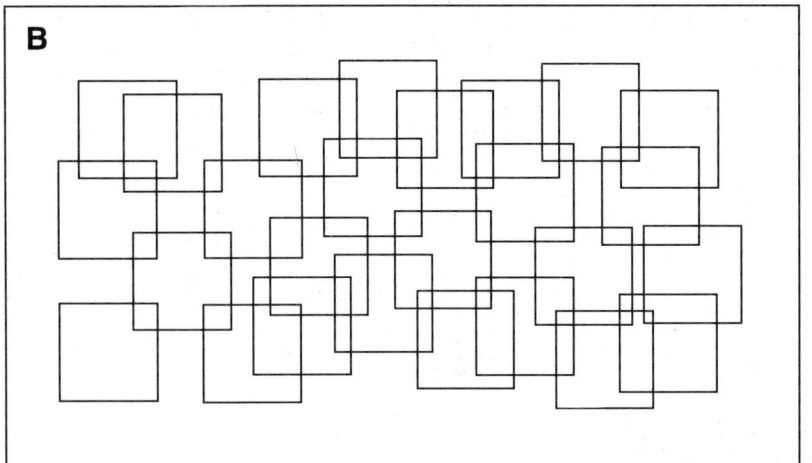

geschätzt
(   )

gezählt
(   )

C

Kreise: _____   Dreiecke: _____   Rechtecke: _____   Quadrate: _____

Für jede richtig gezählte Anzahl geometrischer Figuren (A und B) gibt es jeweils
10 Punkte. Bei C gibt es für jede richtig gezählte Anzahl jeweils 5 Punkte!   **Punkte:** _____

Hier sind Bögen, Mauern, Türme aus „Würfeln" gebaut worden. Zähle erstens, aus wie vielen Würfeln die 15 Figuren jeweils bestehen. Schreibe die Anzahl der Würfel rechts in die Klammern. Überlege dann, wie viele Würfel bei den Figuren 1, 3, 6, 9, 10, 11, 14 und 15 hinzugefügt werden müssen, damit vollständige Kästen (Quader) entstehen.

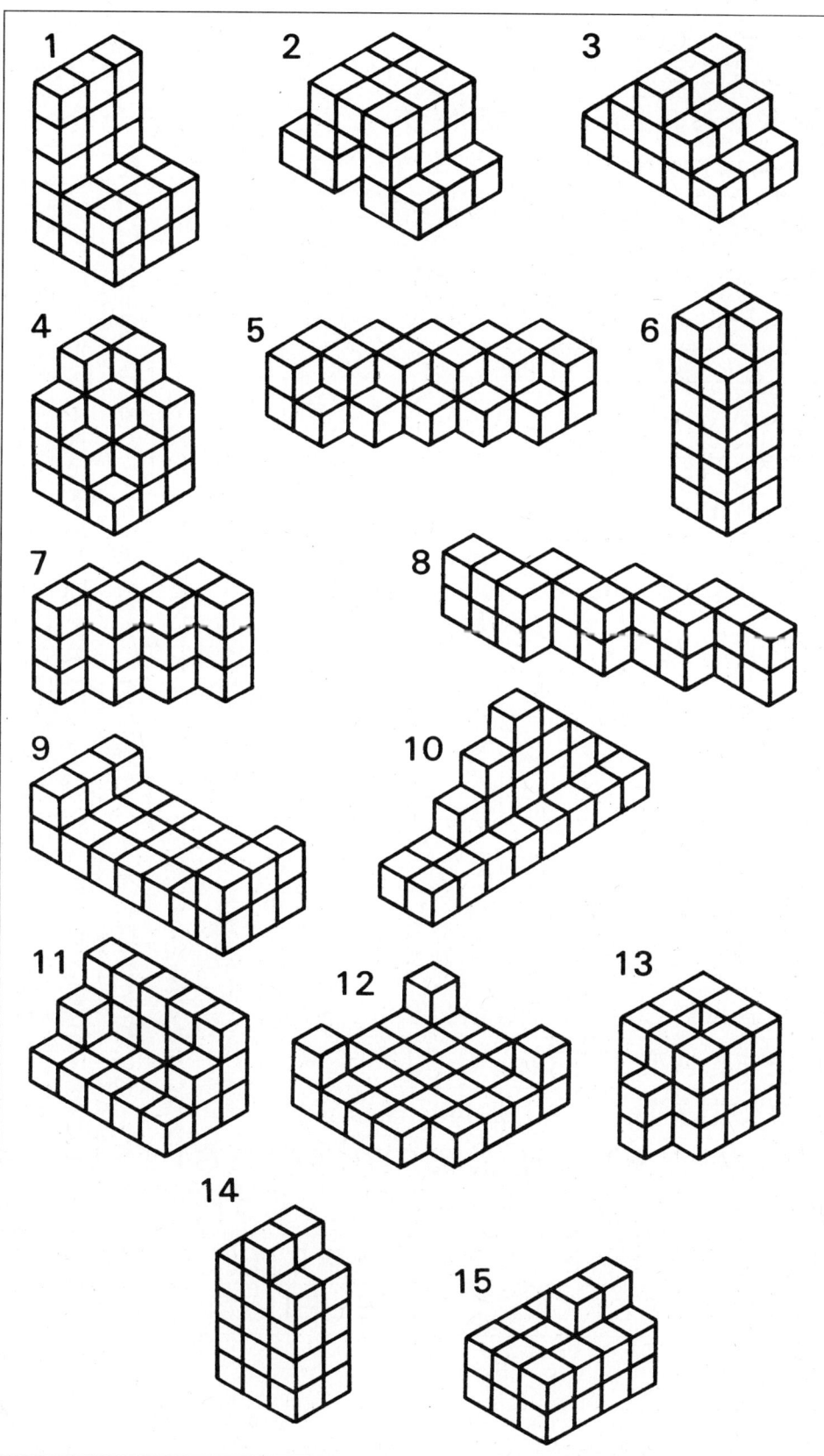

1. (   ) (   )
2. (   )
3. (   ) (   )
4. (   )
5. (   )
6. (   ) (   )
7. (   )
8. (   )
9. (   ) (   )
10. (   ) (   )
11. (   ) (   )
12. (   )
13. (   )
14. (   ) (   )
15. (   ) (   )

Für die 1. richtig gelöste Aufgabe gibt es 2 Punkte, für die 2. jeweils 4 Punkte!   **Punkte:** _____

Diese „Wortschlange" besteht aus vielen aneinander gereihten Substantiven. Das besondere daran ist, daß der Endbuchstabe des einen Wortes zugleich der Anfangsbuchstabe des folgenden Wortes ist. Kreise diesen „gemeinsamen" Buchstaben jeweils ein und zähle die Wörter. Dann lies die Wortschlange zügig vor!

Für jedes richtig gezählte Wort gibt es 1 Punkt!   **Punkte:** _____

Diese an ein Labyrinth erinnernde „Kette" besteht aus vielen Städtenamen. Das besondere daran ist, daß der Endbuchstabe der einen Stadt (z. B. Aachen) zugleich der Anfangsbuchstabe der folgenden Stadt (Nürnberg) ist. Markiere den „gemeinsamen" Buchstaben jeweils und zähle die Namen! Wie viele Städte sind es?

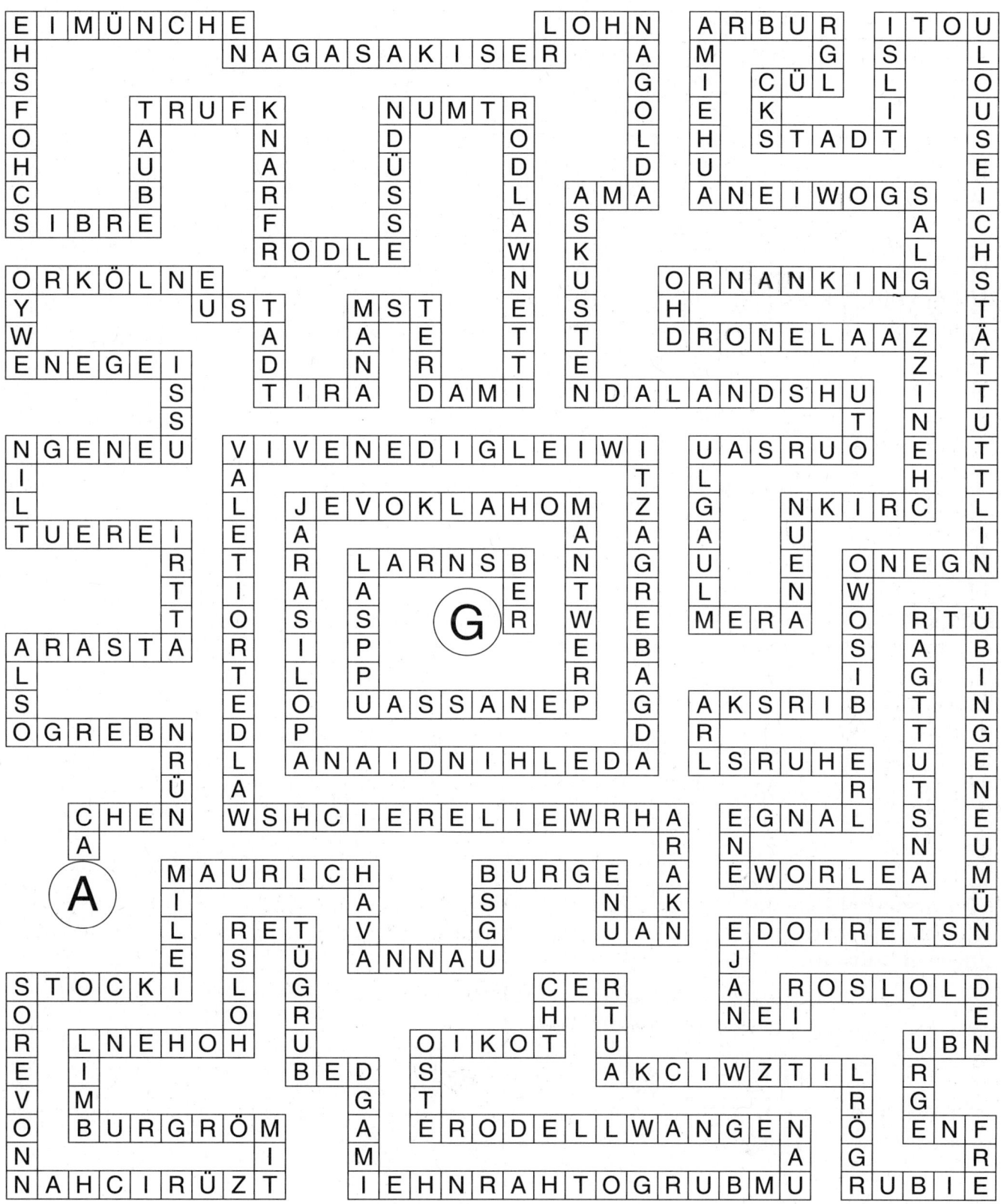

Es sind _____ Städtenamen.

Für jede richtig gezählte Stadt gibt es 1 Punkt!   **Punkte:** _____

Knobeln macht Spaß! Lies aufmerksam die folgenden 4 Aufgaben und arbeite („knoble") mit einem Blei- oder Buntstift!

1. Wie kommt man von A nach B, wenn man an allen Quadraten vorbeikommen möchte, ohne einen Weg ein zweites Mal zu gehen?

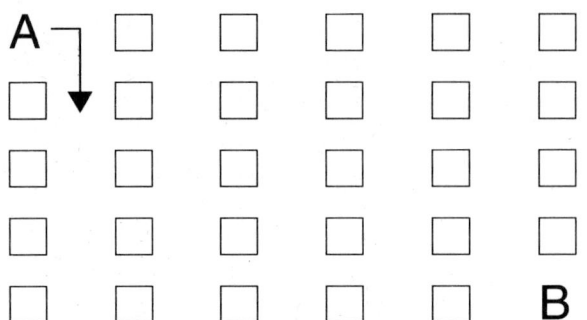

2. Die jeweils 3 Buchstaben (A, B, C) sollen in jede Reihe des großen Quadrates so eingesetzt werden, daß senkrecht und waagerecht nur je 1 Buchstabe vorkommt!

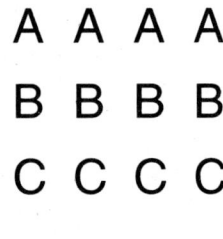 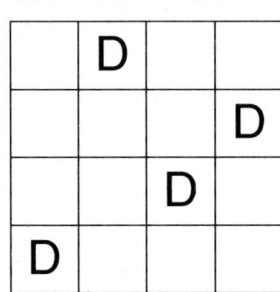

3. Wie gelangt man mit Hilfe einer Linie von A nach B, so daß sie durch alle 36 Felder führt!

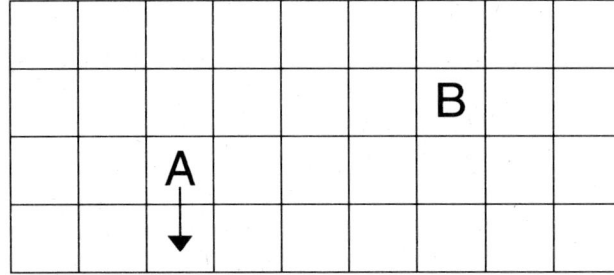

4. In diesen 16 Feldern sind 4 Symbole jeweils 4 x verteilt. Prüfe dies! Dann trenne durch dicke Striche die 16 Felder so voneinander ab, daß sich in jeweils 4 zusammenhängenden Feldern die 4 unterschiedlichen Symbole befinden!

 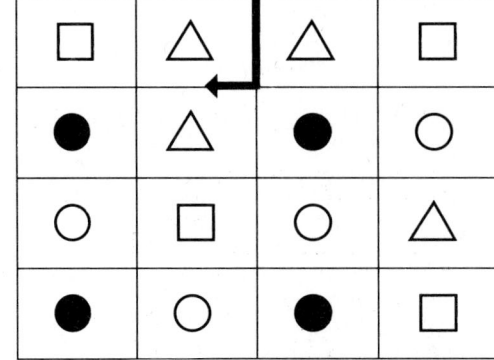

Für jede richtig gelöste Knobelaufgabe gibt es 4 Punkte!   **Punkte:** _____

Knobeln macht Spaß! Lies aufmerksam die folgenden 5 Aufgaben und arbeite („knoble") mit einem Blei- oder Buntstift.

1. Welche Ziffer ist mit welchem Buchstaben verbunden? Schreibe die Buchstaben in der richtigen Reihenfolge auf!

a)

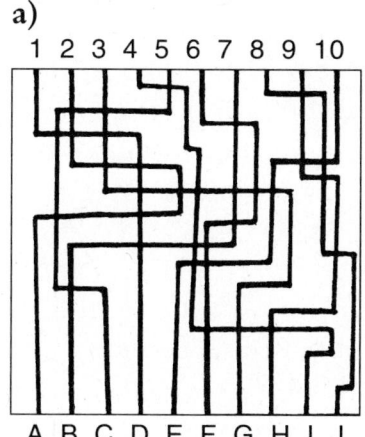

b)

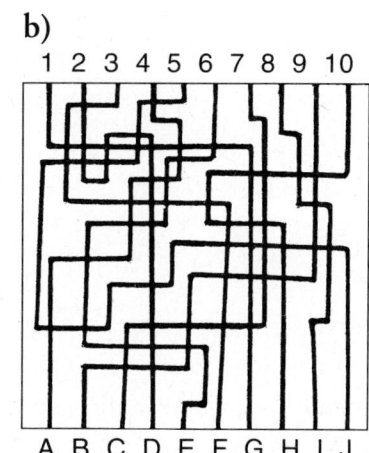

2. Welche beiden Linien sind hier parallel?

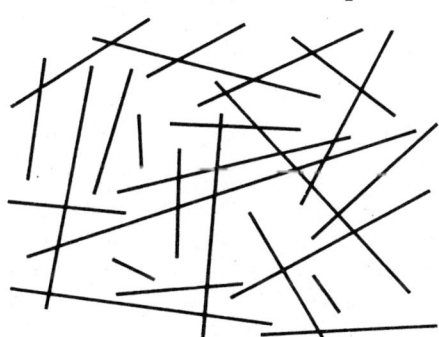

3. Welche beiden Teilfiguren sind in jeder Reihe gleich?

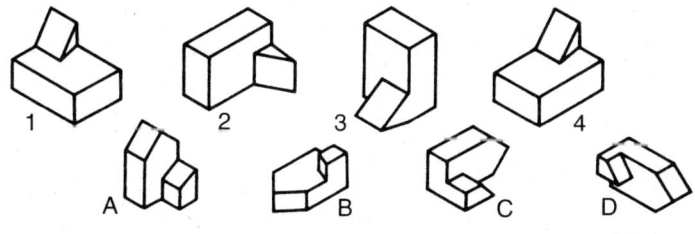

4. Gehe von Punkt A zu Punkt B, daß du so wenig Tore wie möglich durchschreitest!

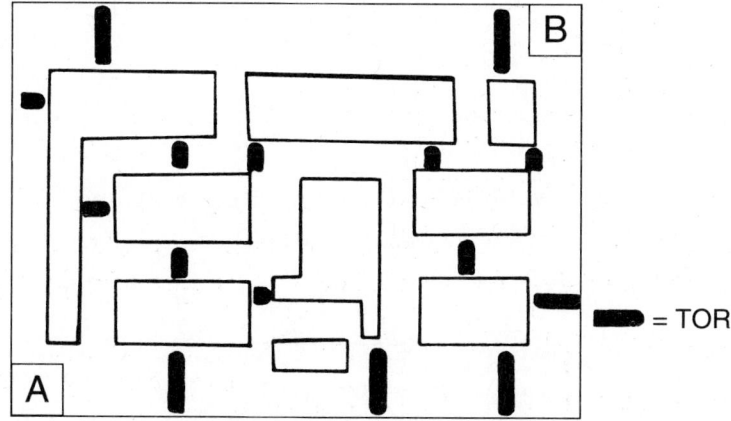

5. Überlege, aus welchen 3 Teilfiguren sich die Ausgangsfigur (A/B) jeweils zusammensetzen läßt!

 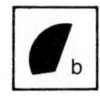

Für jede richtig gelöste Aufgabe gibt es 5 Punkte! **Punkte:** _____

A 25 Versteckte Figuren

In den folgenden 9 Figuren „verstecken" sich mehrere kleine und größere Quadrate, Rechtecke oder Dreiecke. Sie sollst du jeweils zählen!

1. Wie viele Quadrate findest du in dieser Figur?

□ 5

2. Wie viele Quadrate verstecken sich hier?

□ ___

3. Wie viele Quadrate entdeckst du?

□ ___

4. Wie viele Rechtecke zählst du?

▭ ___

5. Wie viele Rechtecke verbergen sich hier?

▭ ___

6. Wie viele Dreiecke verstecken sich hier?

△ ___

7. Wie viele Quadrate, Rechtecke und Dreiecke entdeckst du?

□ ___
▭ ___
△ ___

●

8. Wie viele Quadrate, Rechtecke und Dreiecke sind in dieser Form versteckt?

□ ___
▭ ___
△ ___

●

9. Wie viele Quadrate, Rechtecke und Dreiecke sind hier verborgen?

□ ___
▭ ___
△ ___

Für die richtig gezählten Figuren der Aufgaben 1–6 gibt es je 3 Punkte, für 7–9 jeweils 9 Punkte!

Punkte: _____

*Diese 10 Spiele kannst du ohne Streichhölzer durchführen. Streiche **die** Hölzer aus, die du verlegen mußt und zeichne sie dort ein, wohin sie gelegt werden müssen!*

1. Lege 3 Hölzer so um, daß 3 gleich große Quadrate entstehen!

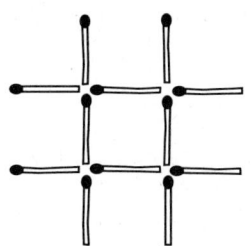

2. Lege 4 Hölzer so um, daß 3 gleich große Dreiecke entstehen!

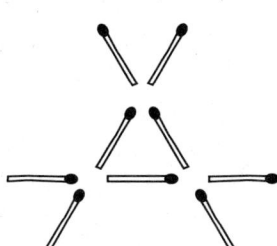

3. Entferne 4 Hölzer so, daß 2 Quadrate übrigbleiben!

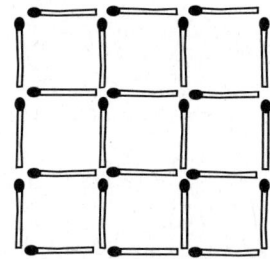

4. Verlege 6 Hölzer so, daß wieder ein Stern entsteht, der aus 6 gleich großen Vierecken besteht!

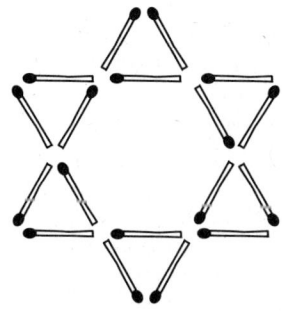

5. Lege 5 Hölzer so um, daß 3 gleich große Quadrate entstehen!

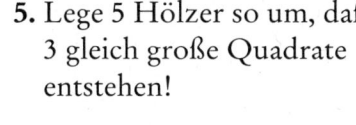

6. Lege 3 Hölzer so um, daß 4 Quadrate entstehen, die gleich groß sind!

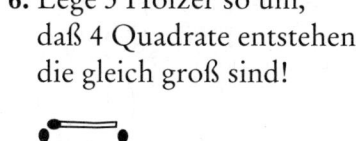

7. Durch Umlegen von 4 Hölzern sollst du aus den 5 Quadraten 4 machen!

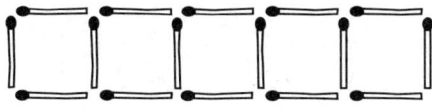

8. Die 5 Rechtecke sollen in 5 Quadrate verwandelt werden!

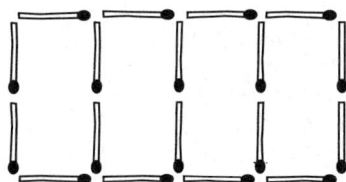

9. Es sollen 8 Hölzer so weggenommen werden, daß 6 Quadrate übrigbleiben!

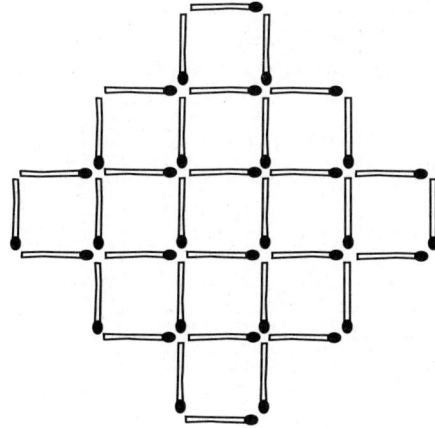

10. Könnt ihr aus diesen 5 Quadraten 7 machen? Ihr dürft aber nur drei Hölzer umlegen!

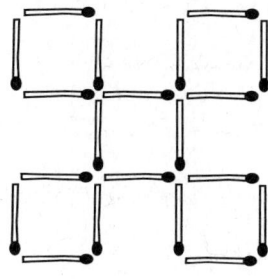

Für die richtig gelösten Aufgaben 1–6 gibt es je 4, für 7–10 jeweils 8 Punkte!   **Punkte:** _____

Labyrinthe sind jahrtausendealte Irrwege, verschlungene und sich windende Pfade, z. B. in Felsen ge-meißelt oder in den Sand der Wüste gezeichnet. Labyrinthe scheinen lange Wege ohne Kehren oder Abzweigungen zu sein. Versuche, vom Eingang (E) eines jeden Labyrinth zu dessen Mitte (M) zu gelangen! Zeichne die (Lösungs-)Wege zunächst mit Blei-, dann mit Buntstift!

1.

2.

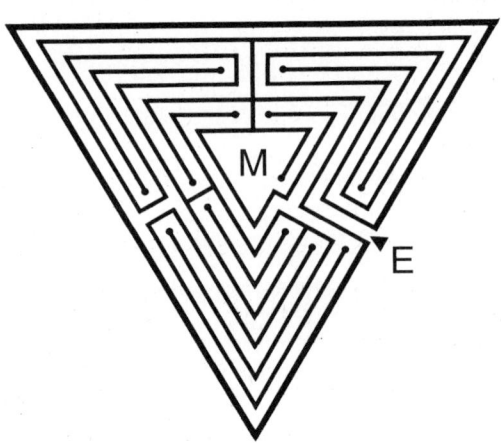

3.

4.

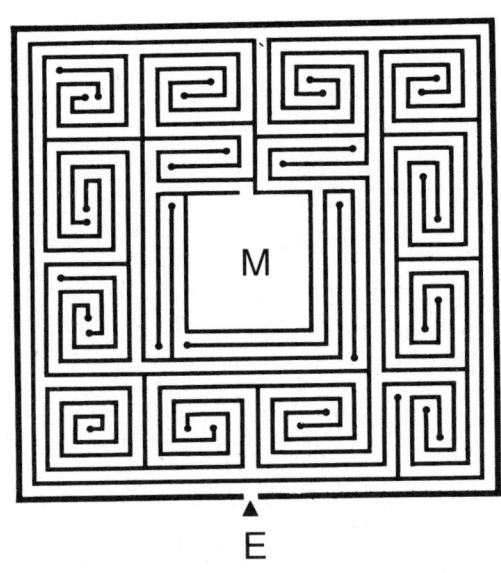

5.

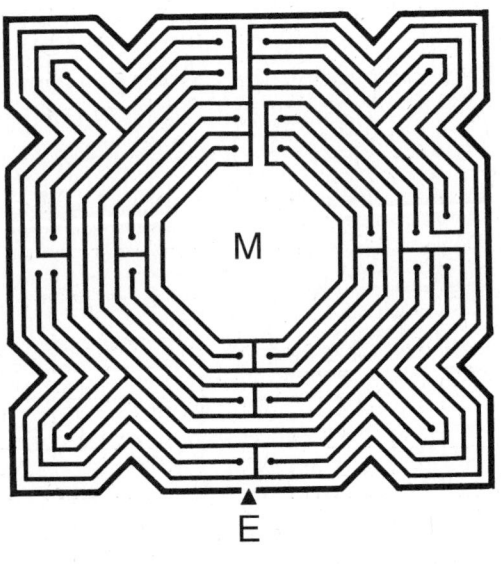

6.

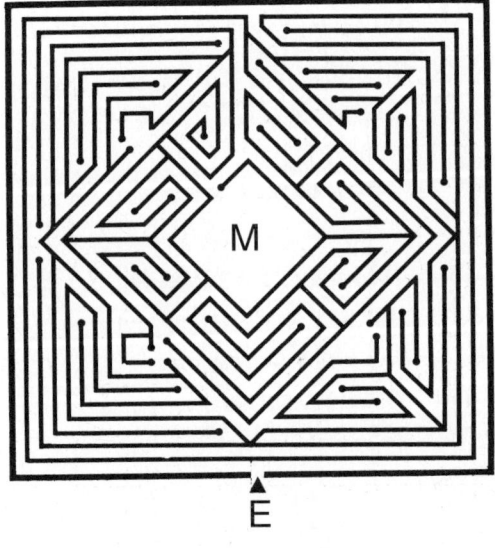

Für jeden richtigen „Lösungsweg" gibt es 4 Punkte!   **Punkte:** _____

Dieses Spiel heißt „Pentomino" und geht auf den Amerikaner Colomb zurück. Er spielte es auf einem Schachbrett. Du sollst dieses Spiel so durchführen: In jedem der 20 Felder schraffiere mit Bleistift jeweils fünf kleine Kästchen, die aneinanderhängen müssen! Auf diese Weise entdeckst du 20 verschiedene Figuren.

Für jede entdeckte Figur gibt es 2 Punkte!   Punkte: _____

A 29 Punktschrift

Diese Schrift besteht aus Punkten, die in dickes Papier gedruckt werden, so daß sie „erhaben" hervorstehen. Blinde können diese Schrift mit den Fingerspitzen lesen.

Braille-Alphabet-Tabelle:

A B C D E F G H I J
K L M N O P Q R S T
U V W X Y Z Ä Ö Ü

AU ÄU EU EI IE CH SCH SS ST

Zahlen
1 2 3 4 5 6 7 8 9 0

---

1. Merke dir in Punktschrift die Vokale und notiere sie: a, e, i, o und u!

---

2. Schreibe in Punktschrift die folgenden Konsonanten: b, d, p, q, u, w und y!

---

3. Schreibe in Punktschrift die folgenden Zahlen: 4, 8, 0, 7, 16, 25, 33, 89 und 100!

---

4. Schreibe in Punktschrift die folgenden Wörter: „Tat", „Mut", „Eis", „Käfig", „Schule" und „Schüler!

---

5. Übersetze den in Punktschrift geschriebenen Satz!

Für die in Punktschrift richtig geschriebenen Wörter gibt es jeweils 2 und für die Übersetzung des Satzes 2 Punkte!   Punkte: _____

Bei dieser Schrift entspricht jeder Buchstabe einem „Geheimzeichen“. Merke dir möglichst viele Zeichen!

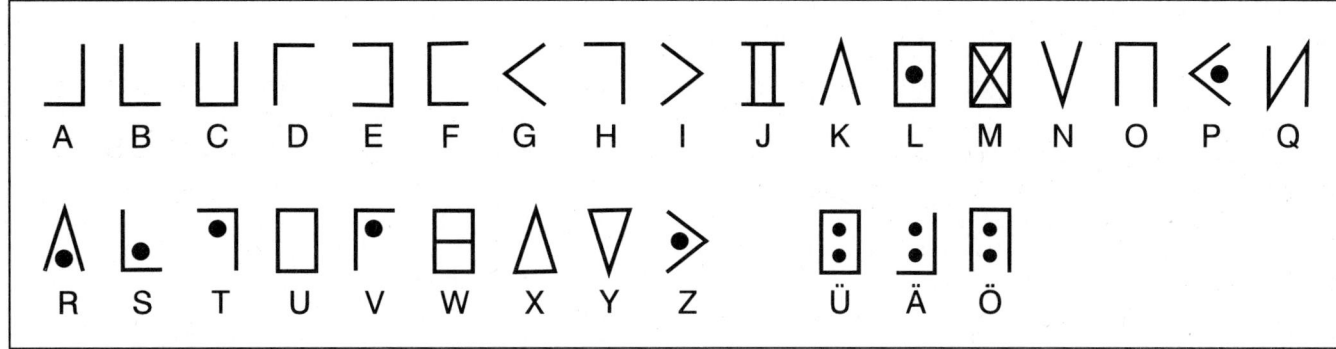

1. Wer entschlüsselt als erster den folgenden Text? Er handelt von einer aufregenden Entdeckung. Beachte, daß alle Wörter durch Schrägstriche getrennt sind und die Satzzeichen fehlen!

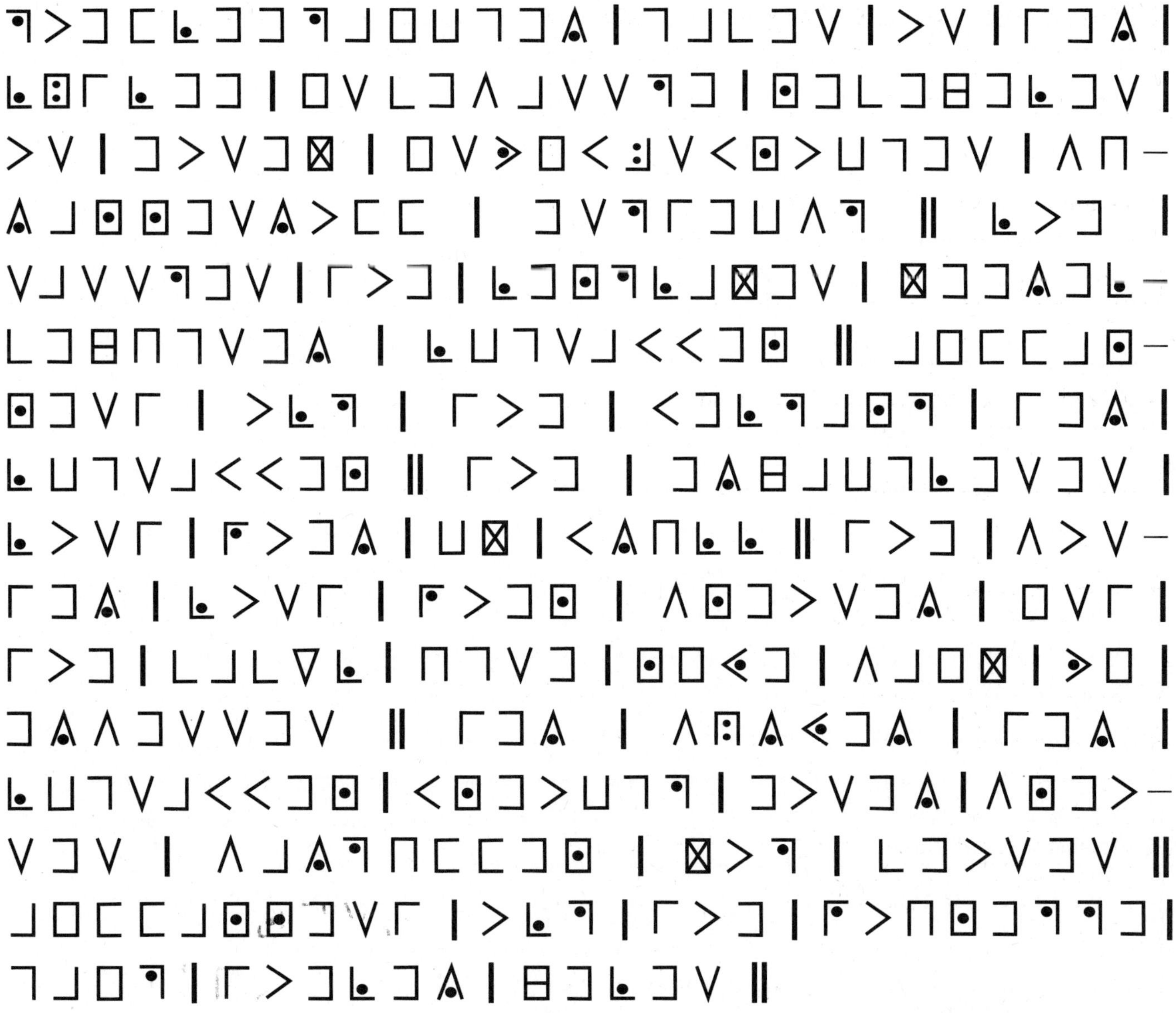

2. Verschlüssele für eine geheime Botschaft die Wörter: „Insel, Schatz, Gold, Felsen, Norden, Bucht, Gefahr, Rettung“, und schreibe sie ins Heft!

Für die Aufgaben 1 und 2 gibt es zusammen 30 Punkte.
Für jeden Fehler ziehe 1 Punkt ab!

Punkte: ____________

Früher wurde in der Telegraphie, der elektrischen Fernübertragung von Nachrichten, fast ausschließlich das Morsealphabet benutzt. Es ist aus Punkten und Strichen zusammengesetzt. 1837 meldete es Samuel Morse in Washington als Patent an.

Buchstabe	Code		Buchstabe	Code		Zeichen	Code		Zeichen	Code
a	•—		n	—•		ch	————		!	—••—•—
ae	•—•—		ñ	——•——		1	•————		Bindestrich	—••••—
à, á	•——•—		o	———		2	••———		Apostroph	•————•
b	—•••		oe	———•		3	•••——		Bruchstrich	—••—•
c	—•—•		p	•——•		4	••••—		Klammer	—•——•—
d	—••		q	——•—		5	•••••		Anführungs-	•—••—•
e	•		r	•—•		6	—••••		zeichen	
é	••—••		s	•••		7	——•••		Unterstreichen	••——•—
f	••—•		t	—		8	———••		Neue Zeile	•—•—•••
g	——•		u	••—		9	————•			
h	••••		ue	••——		0	—————			
i	••		v	•••—		.	••••••			
j	•———		w	•——		;	—•—•—•			
k	—•—		x	—••—		,	•—•—•—			
l	•—••		y	—•——		:	———•••			
m	——		z	——••		?	••——••			

1. Übersetze den folgenden Text! Als Hilfe werden die einzelnen Buchstaben und Wörter durch Schrägstriche getrennt.

```
••• / •— / — / • / •—•• / •—•• / •• / — / • / •— //  ••• / •• / —• / —•• //
•—• / •— / •• / —— / •—• / •—• / — / •—• / •— / —— / •—• / —— / —• / •—• /
•—— / • / •—• // •••• / •—•• / •• / —• / —— / —•• / •• / •—• / •• / ••• //
• / •—• / —•• / • // —•— / •—• / • / •• / ••• / • / —• // •••••• //
•• / •••• / —•— // —•• / •—• / •• / — / •—• / —— / —• / •••• / • //
—••• / • / —•• / —— / •• / — / • / —• // •—• / — / •——•— / •—— //
••• / —— / •• / — / —— / —— / ——— //
—•— / •• / •—• / —— / —— / • / — / •—• / • / •—• // •••••• // ••• / •• / • //
••• / •— / — / • / •— / •—•• / —•• / —— / —•• / •• / — / • / •—• //
•—— / —• / •——• // •• / ——— / — / •—•• / — / • / •— / •—• / •— /
•—— / •• / • / •—— / • / —• // — / • / •• / •——• / • // —•• / • / •—• //
• / •—— / •—•• / —•• / —— / —— / — / •—• / • / •—• / • / •• / •• / •—• /
—•—• / •••• / •••• // ••• / •— / — / • / •— / ••• / •—• / — / •• / ••• /
— / • / •— / —•• // •• / —— / —— / —•• / • / •—• / •• / —— / —— / • / •—•• /
— / • / •—• / —•• / •—• / —— / ——— / —•• / • / •—• / •— / •——• / —• //
— / • / •— / •—• / —•• / • / •• / —— / ——— / — / —— / • / •—• /
——• / • / •—• / •—• / •—• / —— / —— // •••••• //
```

2. Übertrage den folgenden Satz in Morseschrift, und schreibe ihn ins Heft! „Der Morseapparat ist ein Gerät zur Übertragung von Informationen."

Jede der folgenden 22 „Buchstabenreihen" weist eine bestimmte Regelmäßigkeit auf. So werden z. B. je 2 oder 3 oder 4 Buchstaben übersprungen; oder es interessiert die Aussprache der Buchstaben (2 Laute = 1 Buchstabe). Diese Regelmäßigkeit sollst du erkennen, bevor du jeweils den oder die letzten Buchstaben ergänzt. Als Lösungshilfe notiere dir das Alphabet in Großbuchstaben!

1. A B C D E F __G__.

2. A C E G I _____

3. B c D e F _____

4. A D G J M _____

5. Z Y X W V _____

6. A Z B Y C _____

7. Z X V T R _____

8. B c d E f _____

9. Z W T Q N _____

10. A E I O _____

11. B C D G _____

12. F L M N _____

13. A F K P _____

14. A B D E G H J K M N _____ _____

15. A B C E F G J K L _____ _____ _____

16. Z Y X X W V U U T S _____ _____ _____

17. A B X A B Y A B X _____ _____ _____

18. A B B C C C D D D _____ _____ _____

19. A B C G H I M N O _____ _____ _____

20. Z Y X A W V U B T S R _____ _____ _____

21. A C D G H I M N O P _____ _____ _____ _____

22. A E I M Q U _____

Für die richtig ergänzten Reihen 1–13 gibt es jeweils 2, für die Reihen 14–22 je 5 Punkte!

Punkte: _____

A 33 Folgen 1

Du siehst hier 22 Reihen mit verschiedenen Symbolen. Sieh dir jede Reihe genau an, denn sie ist nach einer bestimmten Regel (logisch) aufgebaut: Jede Reihe bildet eine „Folge". Überlege, wie jede Reihe (1–22) fortgesetzt bzw. ergänzt werden muß!

1. ▢ ▦ ▨ ? ▩

2. ⬡ ⬠ ▢ ?

3. ◔ ⊟ ⊖ ?

4. ◰ ◰ ◰ ?

5. ⦿ ◯ ⦿ ?

6. ▫ ▫ ▫ ?

7. ◑ ◑ ⬒ ?

8. ◣ ◥ ◢ ◤ ?

9. ◔ ◑ ⊕ ⊕ ?

10. ▫ ▫ ▫ ▫ ?

11. ⊘ ⊖ ⊘ ⊕ ?

12. ◥ ◸ ◹ ◿ ?

13. ◯ ▢ ◯ ▢ ?

14. ◯ ◯ ⦿ ◯ ◯ ⦿ ? ?

15. ▢ △ ◯ ▢ △ ◯ ? ? ?

16. ⬠ ⬠ ⬠ ⬠ ⬠ ⬠ ?

17. ▥ ▱ ▤ ◹ ▥ ▱ ?

18. ▢ ● ▢ ◫ ▢ ● ▢ ?

19. △ ▲ △ ▢ △ ▲ △ ?

20. ⌞ ⊢ ⌐ ⌞ ⊢ ⌐ ?

21. ⌞ ⌟ ⌞ ⌞ ⌞ ⌟ ⌞ ⌞ ⌞ ⌟ ⌞ ?

22. ▫ ▫ ▫ ▫ ▫ ▫ ▫ ▫ ?

Für jede richtig ergänzte Reihe gibt es 2 Punkte!   **Punkte:** _____

*Unter den 5 Figuren einer jeden Reihe gibt es 2 Figuren, die nicht in die Reihe passen. Markiere jeweils die 2 Kästen (**a–e**), deren Figuren von den 3 anderen abweichen!*

1.

a b c d e

2.

a b c d e

3.

a b c d e

4.

a b c d e

5.

a b c d e

6.

a b c d e

7.

a b c d e

8.

a b c d e

9.

a b c d e

Für jeden richtig markierten Außenseiter gibt es 2 Punkte!   Punkte: _____

Unter den 5 Figuren einer jeden Reihe gibt es 2 Figuren, die nicht in die Reihe passen. Markiere jeweils die 2 Kästen (a–e), deren Figuren von den 3 anderen abweichen!

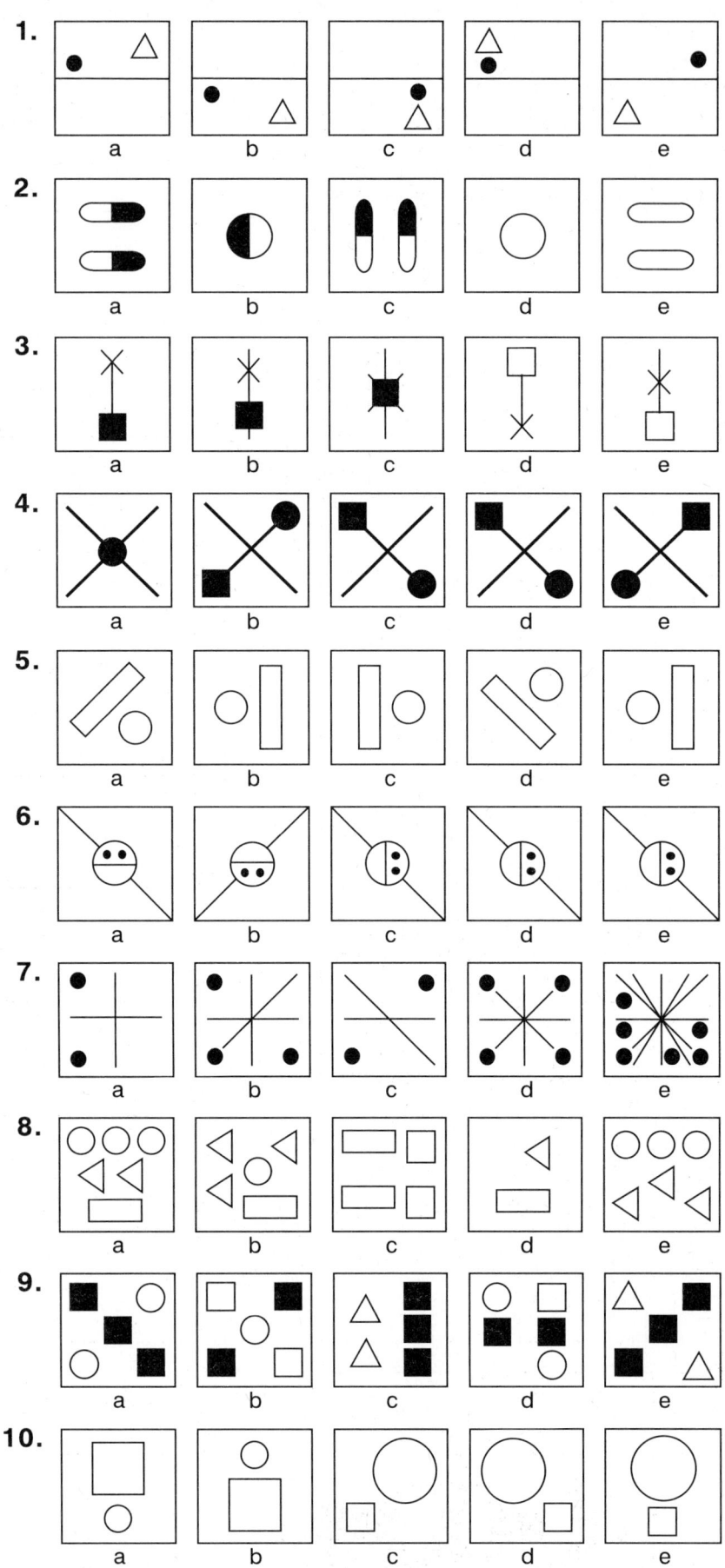

Die nachstehenden 13 „Folgen" bestehen aus der sogenannten Problemreihe A und der Lösungsreihe B. Ersterer liegt eine bestimmte (logische) Folge zugrunde, die sich in einem Feld der Lösungsreihe (a–d) fortsetzt. Dieses Feld notiere (rechts) und begründe deine Entscheidung!

A

B

a   b   c   d

1.   1. _____ c

2.   2. _____

3.   3. _____

4.   4. _____

5.   5. _____

6.   6. _____

7.   7. _____

8.   8. _____

9.   9. _____

10.   10. _____

11.   11. _____

12.   12. _____

13.   13. _____

Für jedes richtig erkannte Feld gibt es jeweils 2 Punkte!   **Punkte:** _____

Die Figuren in den folgenden Kästen (1–10) verändern sich nach bestimmten (logischen) Regeln. Finde diese Regel jeweils heraus, und suche unter den Auswahlmöglichkeiten (a–e) das Kästchen, das an die leere Stelle gehört! Zeichne die Figur hier ein!

1.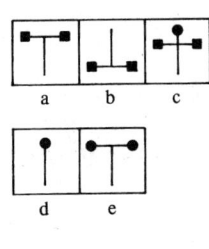

6.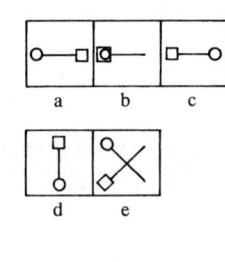

2.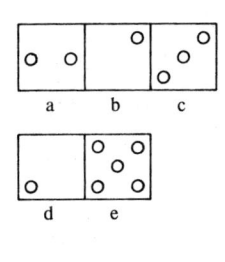

7.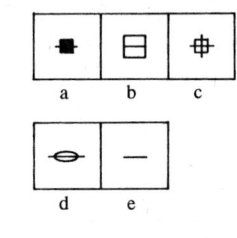

3.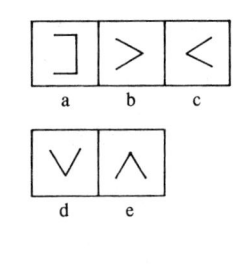

8.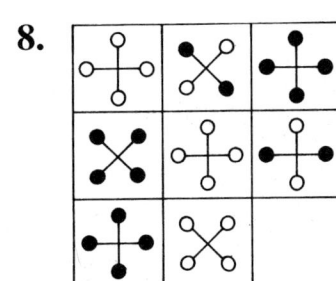

4.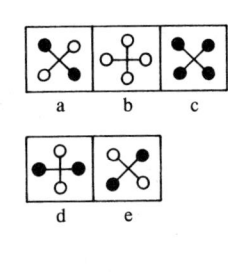

9.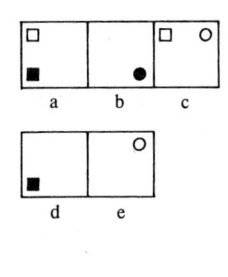

5.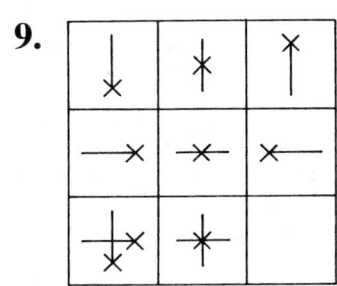

10.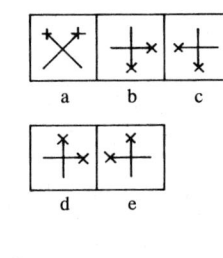

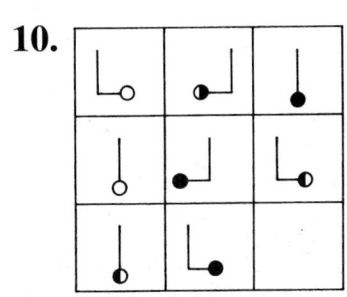

Für jede richtig erkannte Figur gibt es jeweils 3 Punkte!   Punkte: _____

Du siehst hier 12 einfache Balkenwaagen und verschieden schwere Gewichte: □⊠■△▲○●⊗
*Du sollst durch einen Vergleich mit der Waage **A**, die im Gleichgewicht ist, herausfinden, wie die schiefe*
*Waage **B** jeweils ins Gleichgewicht **C** gebracht werden kann. Dabei darfst du nur jeweils von den Gewichten,*
die unter der Waage liegen, soviel wie nötig auf die rechte Seite der Waage legen.

A **B** **C**

1.

2.

3.

4.

5.

6.

7.

8.

9.

10.

11.

12.

Für jede richtig gelöste Aufgabe gibt es 2 Punkte!   **Punkte:** _____

In Maschinen gibt es überall Räder. Sie drehen sich direkt aneinander; sie sind mit Treibriemen oder manchmal auch Ketten miteinander verbunden. Zeichne mit dem Bleistift (→), in welcher Richtung sich die genannten Räder drehen!

1. 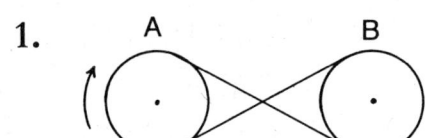 → Wenn du Rad A rechtsherum drehst, wie dreht sich Rad B?

2. 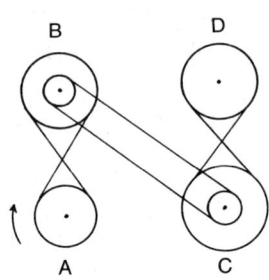 → Wenn du Rad A rechtsherum drehst, wie drehen sich dann alle anderen (kleinen und großen) Räder?

3. 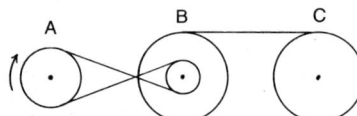 → Wenn du Rad A rechtsherum drehst, in welcher Richtung dreht sich dann Rad C?

4. 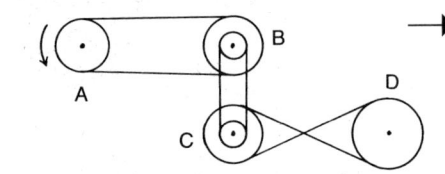 → Wenn du Rad A linksherum drehst, in welcher Richtung dreht sich Rad D?

5. 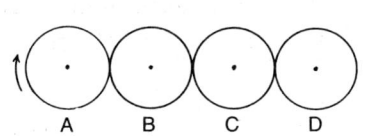 → Wenn du Rad A rechtsherum drehst, wie dreht sich dann Rad D?

6. 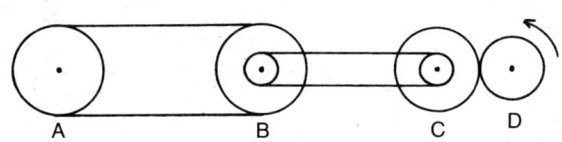 → Wenn du Rad D linksherum drehst, wie dreht sich dann Rad A?

7. 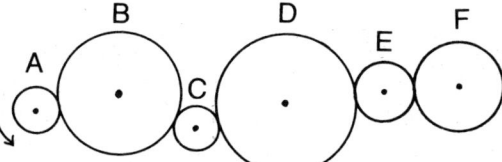 → Wenn du Rad A rechtsherum drehst, wie dreht sich Rad F?

8. 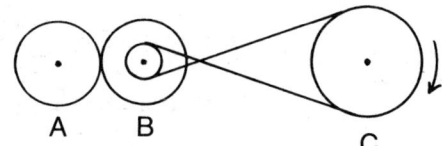 → Wenn du Rad C rechtsherum drehst, wie dreht sich dann Rad A?

9. 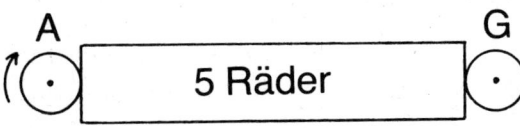 → Wenn du Rad A rechtsherum drehst, wie dreht sich dann Rad G? – Hier sind im Getriebe 5 Räder verdeckt.

Für jede richtig gelöste Aufgabe gibt es 3 Punkte!   **Punkte:** _____

Bei den folgenden Aufgaben geht es darum, ob du „richtig kombinieren" kannst. Zu jeder der 12 Skizzen gehört eine Frage, die du beantworten sollst. Notiere jede Antwort!

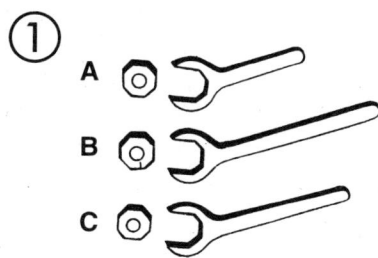

① Mit welchem Schraubenschlüssel kann man die Schraubenmutter am festesten anziehen?

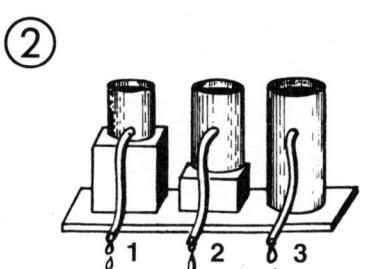

② Aus welchem Schlauch strömt das Wasser mit dem stärksten Druck heraus?

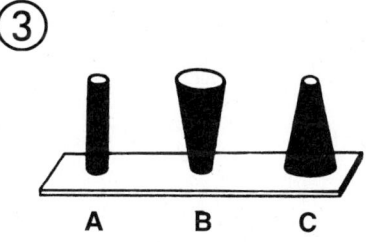

③ Welcher Körper kippt am schnellsten, mit dem geringsten Kraftaufwand um?

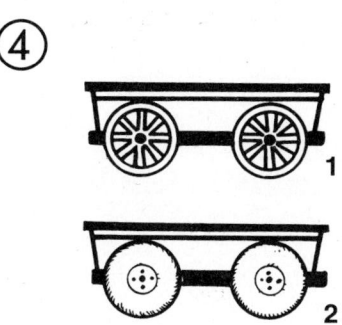

④ Mit welchem Wagen wird man am leichtesten auf aufgeweichtem Untergrund fahren können? (Der Wagen 1 hat Eisenräder, Nr. 2 hat Luftbereifung)

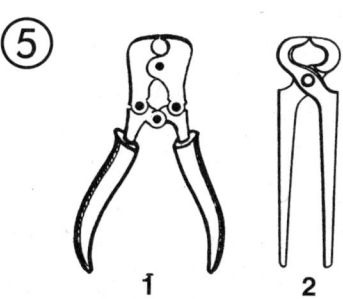

⑤ Mit welcher Zange kann man am leichtesten einen dicken Draht durchschneiden?

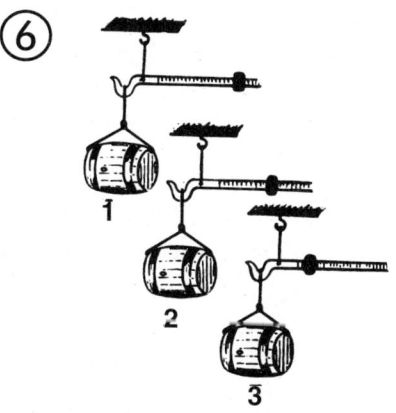

⑥ Welches Faß wiegt am meisten?

⑦ In welche Richtung muß sich das Schaufelrad des Dampfers drehen, damit er rückwärts fahren kann?

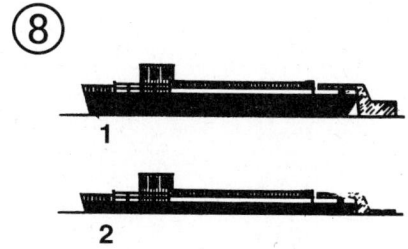

⑧ Welches Schiff hat mehr geladen?

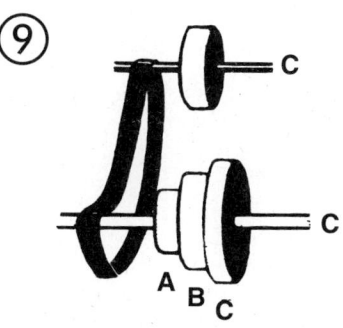

⑨ Auf welche Scheibe muß der Treibriemen gelegt werden, damit die untere Achse schneller als die obere läuft?

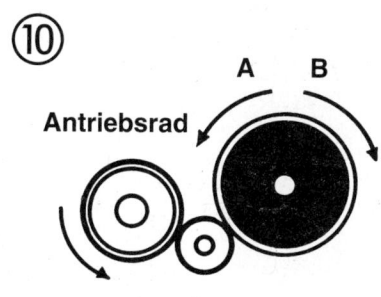

⑩ In welche Richtung dreht sich die schwarze Scheibe? Und wie schnell im Verhältnis zum Antriebsrad?

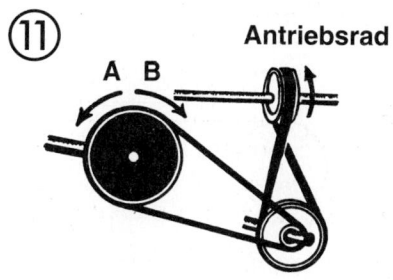

⑪ In welche Richtung dreht sich das schwarze Rad?

⑫ In welche Richtung wird sich die Platte bewegen, wenn sich die Schwungscheibe in Pfeilrichtung ständig gleichmäßig dreht?

Für jede richtige Antwort gibt es 2 Punkte! Punkte: _____

Unsere Sprache besteht aus Wörtern und Sätzen. Statt von Wörtern kann man auch von Begriffen sprechen. Dies sind entweder einzelne Ausdrücke wie z. B. „Tante, Neffe, Onkel" oder allgemeine Begriffe wie hier „Verwandte". Notiere zu den folgenden Wortfeldern 1 bis 30 den jeweils richtigen Oberbegriff!

1. Tante
Neffe
Onkel

Verwandte

2. Familie
Klasse
Mannschaft

3. 1. Mai
3. Oktober
Pfingsten

4. Teich
Fluß
See

5. Nonne
Totenkopf
Admiral

6. Pfund
Rubel
Schekel

7. Dattel
Orange
Banane

8. Mais
Gerste
Roggen

9. Gas
Braunkohle
Erdöl

10. Thermometer
Barometer
Waage

11. Wasserstoff
Sauerstoff
Kohlenstoff

12. Breite
Länge
Höhe

13. Hammer
Bohrer
Zange

14. Beton
Holz
Ziegel

15. Korken
Riegel
Druckknopf

16. Hering
Dorsch
Scholle

17. Fanfare
Horn
Posaune

18. Samt
Seide
Loden

19. Pfeffer
Salz
Senf

20. Polnisch
Englisch
Chinesisch

21. Synagoge
Dom
Moschee

22. Fingerring
Halskette
Armband

23. Autobus
Eisenbahn
Flugzeug

24. Kappe
Mütze
Hut

25. Kamille
Huflattich
Arnika

26. Kakao
Tee
Tabak

27. Vormittag
Mittag
Abend

28. Löwe
Tiger
Hai

29. Eisen
Gold
Silber

30. Ameise
Fliege
Heuschrecke

Für jeden richtig notierten Oberbegriff gibt es 1 Punkt!   Punkte: _____

Unsere Sprache besteht aus Wörtern und Sätzen. Statt von Wörtern kann man auch von Begriffen sprechen. Dies sind entweder einzelne Ausdrücke wie z. B. „Vater, Mutter, Kind" oder allgemeine Begriffe wie hier „Familienangehörige". Notiere zu den folgenden Wortfeldern 1 bis 30 den jeweils richtigen Oberbegriff!

1. Vater Mutter Kind	**Familienangehörige**	
2. Eva Petra Susi		
3. Fußballspieler Hochspringer Marathonläufer		
4. Pilze Flechten Moose		
5. Lorbeer Kümmel Vanille		
6. Orchidee Lilie Narzisse		
7. Pfifferling Reizker Morchel		
8. Wellensittich Kakadu Ara		
9. Schwein Nashorn Nilpferd		
10. Dorsch Scholle Hering		
11. Apfel Birne Pflaume		
12. Erbsen Bohnen Linsen		
13. Erdnuß Haselnuß Kokosnuß		
14. Eisen Magnesium Natrium		
15. Styrol Polystyrol PVC		

16. Rechen Spaten Harke	
17. Barren Pferd Reck	
18. Harfe Zither Gitarre	
19. Klavier Spinett Orgel	
20. Trompete Posaune Fanfare	
21. Apfelkuchen Nußtorte Brot	
22. Autobahn Allee Steg	
23. Tanne Lärche Fichte	
24. Gitter Planke Zaun	
25. Hirsch Fuchs Hase	
26. Meer Teich Fluß	
27. Berg Kuppe Hügel	
28. Illustrierte Zeitung Buch	
29. Hosen Blusen Hemden	
30. Tier Mensch Pflanze	

Für jeden richtig notierten Oberbegriff gibt es 1 Punkt! Punkte: _____

Du siehst hier 2 x 22 Wortpaare, die sich „mit einem Wort" zusammenfassen lassen. Die Lösungswörter (Oberbegriffe) stehen in willkürlicher Reihenfolge im Wortkasten. Decke ihn zunächst ab!

A

1. Mehl – Zucker   Lebensmittel
2. Haus – Dom   _____
3. Auto – Eisenbahn   _____
4. Baum – Vogel   _____
5. Zange – Hammer   _____
6. Helm – Sonnenbrille   _____
7. Niere – Herz   _____
8. Mutter – Tochter   _____
9. Eva – Maria   _____
10. Paris – Berlin   _____
11. Bier – Limonade   _____
12. Aster – Nelke   _____
13. Auto – Motorrad   _____
14. Cello – Zither   _____
15. Roggen – Gerste   _____
16. Brille – Fernglas   _____
17. Tasche – Mülleimer   _____
18. Schiff – Kamel   _____
19. Bäcker – Programmierer   _____
20. Schmerz – Sirene   _____
21. Regen – Hagel   _____
22. Buch – Zeitung   _____

B

1. Stuhl – Schrank   _____
2. Hut – Schuhe   _____
3. Korb – Vase   _____
4. Erz – Holz   _____
5. Neujahr – Geburt   _____
6. Dampf – Eis   _____
7. Mond – Mars   _____
8. Fisch – Kartoffeln   _____
9. Max – Franz   _____
10. Rhein – Main   _____
11. Sandalen – Stiefel   _____
12. Apfel – Birne   _____
13. Kahn – Kanu   _____
14. Seife – Parfüm   _____
15. Bronze – Messing   _____
16. Gold – Silber   _____
17. Huhn – Moos   _____
18. Stunde – Meter   _____
19. Dusche – Rasensprenger   _____
20. Bier – Salzsäure   _____
21. Berg – Hügel   _____
22. Fingerring – Perlenkette   _____

Lösungswörter

Bodenerhebungen – inländische Früchte – Körperorgane – Bauwerke – optische Geräte – Maße – Saiteninstrumente – Behälter – Behälter – Lebewesen – Lebewesen – Druckerzeugnisse – Himmelskörper – Verbrauchsartikel – europäische Hauptstädte – weibliche Vornamen – deutsche Flüsse – Schmuck – Getreidearten – Möbelstücke – Edelmetalle – Legierungen – Grundnahrungsmittel – männliche Vornamen – Werkzeuge – Verkehrsmittel – Anfänge – Warnsignale – Wasserverteiler – Kleidungsstücke – Familienangehörige – Rohstoffe – Aggregatzustände des Wassers – Wasserfahrzeuge – Zierpflanzen – Berufe – Transportmittel – Schutzvorrichtungen – Getränke – Schuhsorten – Landfahrzeuge – Flüssigkeiten – Niederschläge – ~~Lebensmittel~~

Für jeden richtig erkannten Oberbegriff gibt es 1 Punkt!   **Punkte:** _____

Eine Uhr z. B. ist ein „Ganzes", Gehäuse und Zifferblatt sind dagegen „Teile" der Uhr. Diese Unterscheidung ist wichtig, um Gegenstände und Vorgänge genau zu beschreiben. In der folgenden Wortliste beziehen sich jeweils 2–3 Teile auf ein Ganzes. Letzteres unterstreiche! Wieviel „Ganze" entdeckst du?

Buch – Bücherbrett – <u>Bücherregal</u> – Schreibtisch – Stuhl – <u>Möbel</u> – Schrank –
Dusche – Wanne – Bad – Bidet – Keller – Dach – Haus – Treppe – Wohnung –
Häuserblock – Tiefgarage – Eingänge – Telefon – Hörkapsel – Wählscheibe –
Taschenlampe – Batterie – Glühbirne – Thermometer – Steigrohr – Skala –
Windrose – Kompaß – Magnetnadel – Gehäuse – Heck – Schiff – Bug – Rad –
Speiche – Nabe – Felge – Schutzblech – Fahrrad – Pedal – Rücklicht – Antenne –
Programm – Fernseher – Uhr – Zifferblatt – Zeiger – Musik – Radio –
Kopfhörer – Baum – Wurzel – Ast – Stamm – Zoo – Pfleger – Tiere – Regen –
Wolken – Wetter – Minister – Staat – Kanzler – Regierung – Gipfel – Gebirge –
Kamm – Schlucht – Anzeige – Werbung – Prospekt – Plakat – Reifen – Auto –
Stopplicht – Sessel – Wohnung – Möbel – Blüte – Narbe – Griffel –
Fruchtknoten – Knie – Bein – Wade – Oberlid – Pupille – Auge – Pfarrer –
Chor – Kirche – Elektron – Atom – Proton – Kühlwasser – Brennstäbe –
Kernkraftwerk – Papier – Heft – Linien – Nadel – Spitze – Öhr – Feder –
Patrone – Füller – Stirn – Kinn – Gesicht – Stufe – Treppe – Turm – Sauerstoff –
Wasserstoff – Wasser – Kerze – Docht – Stearin – Kolben – Luftpumpe –
Zylinder – Schaft – Absatz – Schuh – Tisch – Platte – Kante – Gestell – Topf –
Rand – Deckel – Sitz – Lehne – Beine – Stuhl – Silbe – Wort – Buchstabe – Titel –
Autor – Buch – Umschrift – Legierung – Münze – Schenkel – Griff – Schere –
Scharnier – Rute – Angel – Schnur – Griff – Stickstoff – Sauerstoff – Luft –
Komma – Punkte – Zeichen – Strich – Vater – Kind – Familie – Werkzeugkiste –
Hammer – Zange – Berg – Gipfel – Abhang – Glühlampe – Gewinde –
Fußkontakt – Pluspol – Minuspol – Batterie – Bedienungsblende – Kühlschrank –
Gefrierraum – Kühlraum – Wellenleiter – Glaskeramik – Mikrowelle – Tubus –
Beleuchtungsspiegel – Mikroskop – Sehnerv – Netzhaut – Auge – Pupille –
Rücklauf – Zentralheizung – Vorlauf – Düse – Turbine – Laufrad – Gehäuse –
Löwenzahn – Wiese – Gras – Waschmaschine – Trommel – Pumpe –
Kochautomatik – Druckknopf – Minenspitze – Hülse – Kugelschreiber – Schaft –
Schraubenzieher – Holzgriff – Spitze – Gewinde – Schraube – Kopf –
Joghurtbecher – Becherrand – Lasche – Vakuumdeckel – Griff – Spirale –
Korkenzieher – Deckel – Schlösser – Koffer – Scharnier

Unter den Wörtern (*a–e*) einer jeden Zeile (*1–30*) befindet sich ein Wort, das nicht in die Reihe paßt. Diesen Ausdruck streiche durch und begründe (*mündlich*), weshalb das Wort ein „Außenseiter" ist! Notiere unten die Lösung!

	a)	b)	c)	d)	e)
1.	Linde	Ahorn	Eiche	~~Fichte~~	Pappel
2.	Haus	Villa	Kaufhaus	Iglu	Hütte
3.	Dorsch	Hering	Wal	Makrele	Aal
4.	Hund	Bitterling	Löwe	Giraffe	Katze
5.	Venus	Mars	Hermes	Saturn	Erde
6.	Eisen	Quecksilber	Kupfer	Graphit	Gold
7.	Omnibus	Auto	Fahrrad	Roller	Schlitten
8.	Bismarck	Schiller	Hesse	Hauptmann	Goethe
9.	Rechteck	Dreieck	Raute	Trapez	Quadrat
10.	Rom	Budapest	London	Kairo	Prag
11.	Rembrandt	Dürer	Nolde	Disney	Picasso
12.	Buddhismus	Marxismus	Hinduismus	Islam	Judentum
13.	Dschunke	Frachter	Rikscha	Schlepper	Boot
14.	Mozart	Beethoven	Bach	Schubert	Sokrates
15.	Laufen	Turnen	Schwimmen	Boxen	Ringen
16.	Roggen	Mais	Wein	Hafer	Gerste
17.	Steuern	Abgaben	Zoll	Maut	Kredit
18.	März	April	Mai	Frühling	August
19.	Zinsen	Rabatt	Skonto	Prozente	Preisnachlaß
20.	Ton	Laut	Schall	Stille	Melodie
21.	Kollege	Verwandter	Gefährte	Genosse	Kamerad
22.	Rauch	Dunst	Dampf	Atem	Feuer
23.	Trompete	Posaune	Fanfare	Harfe	Klarinette
24.	Gemach	Stube	Bühne	Salon	Kammer
25.	Buch	Liste	Tabelle	Verzeichnis	Übersicht
26.	Seil	Tau	Strich	Schnur	Knoten
27.	Dom	Synagoge	Schloß	Moschee	Kapelle
28.	Soße	Brühe	Tunke	Suppe	Wasser
29.	Stirn	Nase	Schultern	Ohren	Augen
30.	Lehrling	Meister	Anfänger	Neuling	Azubi

Lösung: **1. d,** _____

_____

*Unter den Wörtern (**a–d**) einer jeden Zeile (**1–10**) befindet sich ein Wort, das nicht in die Reihe paßt. So ist bei A ein Adjektiv, bei B ein Verb und bei C ein Substantiv der „Außenseiter". Ihn streiche durch und begründe (mündlich), weshalb das Wort nicht in die Zeile gehört! Notiere unten die Lösung!*

A

	a)	b)	c)	d)
1.	riesig	hoch	groß	~~breit~~
2.	leise	unerhört	lautlos	unhörbar
3.	locker	gelockert	lose	haltlos
4.	frech	keck	schlau	dreist
5.	ärmlich	hungrig	dürftig	karg
6.	schön	sauber	blank	rein
7.	unartig	frech	unbeholfen	ungezogen
8.	behende	flink	hurtig	gescheit
9.	ruhig	sanft	still	lautlos
10.	lästig	unbequem	hinderlich	fremd

B

	a)	b)	c)	d)
1.	tun	handeln	ruhen	machen
2.	maulen	rätseln	grübeln	raten
3.	fliegen	hängen	pendeln	schwingen
4.	flüstern	stöhnen	seufzen	ächzen
5.	erhalten	bekommen	empfangen	holen
6.	glauben	wissen	meinen	vermuten
7.	hören	sagen	sprechen	plaudern
8.	schreien	brüllen	tuscheln	rufen
9.	meckern	spotten	necken	verulken
10.	zittern	beben	ruhen	schlottern

C

	a)	b)	c)	d)
1.	Schwester	Sohn	Vater	Bruder
2.	Rose	Orchidee	Kamille	Tulpe
3.	Rosenrot	Pechmarie	Joringel	Annemarie
4.	Banane	Orange	Dattel	Apfel
5.	Linde	Ahorn	Eiche	Fichte
6.	Villa	Kaufhaus	Iglu	Hütte
7.	Hermes	Erde	Mars	Venus
8.	Eisen	Gold	Graphit	Kupfer
9.	Hesse	Goethe	Bismarck	Hauptmann
10.	Kairo	Prag	Rom	Budapest

Lösung:

A 1. d, _____ .

B _____ .

C _____ .

Für jeden richtig erkannten Außenseiter gibt es 1 Punkt!   **Punkte:** _____

Zu den folgenden Lehn- und Fremdwörtern werden jeweils 4 Auswahlantworten angeboten. Überlege,
welches der „zur Auswahl" stehenden Wörter (a–d) dem jeweils vorgegebenen Begriff in seiner Bedeutung
am nächsten kommt! Dieses Wort streiche durch und notiere unten die Lösung!

	a)	**b)**	**c)**	**d)**
1. **Test**	Schule	Bewerbung	Note	~~Prüfung~~
2. **Termin**	Notiz	Zeitpunkt	Tag	Frist
3. **Reklame**	Information	Werbung	Verkauf	Ankündigung
4. **Telefon**	Signal	Rufanlage	Fernsprecher	Telekom
5. **Jalousie**	Rolladen	Blendschutz	Markise	Vorhang
6. **Dynamo**	Antrieb	Fahrrad	Motor	Lichtmaschine
7. **Element**	Boden	Wasserstoff	Urstoff	Sauerstoff
8. **Labyrinth**	Wirrwarr	Irrgarten	Netz	Verwicklung
9. **Talent**	Eignung	Begabung	Geschick	Intelligenz
10. **Armee**	Heer	Masse	Truppe	Menge
11. **Chef**	Leiter	Vorsteher	Führer	Vorgesetzter
12. **Ventil**	Hahn	Auslaß	Absperrung	Verschluß
13. **Geste**	Verhalten	Sprache	Betragen	Gebärde
14. **Plan**	Vorhaben	Zweck	Wille	Entschluß
15. **Aroma**	Gestank	Wohlgeruch	Luft	Ausdünstung
16. **Defekt**	Mangel	Palme	Schaden	Fehler
17. **Villa**	Landhaus	Gartenhaus	Rathaus	Gästehaus
18. **Kopie**	Zeichnung	Abbildung	Porträt	Graphik
19. **Therapie**	Hilfe	Verfahren	Heilkunde	Heilbehandlung
20. **Honorar**	Bezahlung	Entgelt	Belohnung	Verdienst
21. **Notiz**	Anzeige	Aufzeichnung	Nachricht	Bemerkung
22. **Thema**	Aufgabe	Gesprächsstoff	Gegenstand	Rede
23. **Problem**	Vorwurf	Lösung	Aufgabe	Schwierigkeit
24. **Kassette**	Behälter	Schachtel	Kästchen	Büchse
25. **Programm**	Tagesordnung	Einladung	Theaterzettel	Angebot
26. **Diktat**	Niederschrift	Befehl	Anordnung	Ansage
27. **Diskussion**	Gerede	Aussprache	Erörterung	Unterredung
28. **Information**	Ereignis	Auskunft	Nachricht	Brief
29. **Interesse**	Vorteil	Nutzen	Neugierde	Neigung
30. **Skizze**	Entwurf	Malerei	Auszug	Zeichnung

Lösung: **1. d,** _____

_____ .

Jeder der Zeilen (1–30) fehlt ein Begriff. Er steht im Kasten in willkürlicher Reihenfolge. Überlege, um welches „Wortfeld" es sich jeweils handelt, und notiere den fehlenden Begriff!

1. Ornat	Uniform	Frack	Overall	**Smoking**	Bollwerk
2. Beanstandung	Vorwurf	Einwand	Tadel		Dämon
3. Bohle	Sparre	Strebe	Träger		Horde
4. Bande	Haufe	Rotte	Pack		Kritik
5. Lohn	Sold	Honorar	Verdienst		~~Smoking~~
6. Einwohner	Inhaber	Mieter	Pächter		Scholle
7. Anzeiger	Zeitung	Zeitschrift	Journal		Gebärde
8. Botschaft	Mitteilung	Meldung	Nachricht		Radau
9. Hast	Hetze	Eile	Jagd		Tabelle
10. Erzählung	Fabel	Gleichnis	Sage		Stoß
11. Banner	Fahne	Panier	Wimpel		Märchen
12. Folter	Marter	Peinigung	Zwang		Telegramm
13. Geist	Gespenst	Kobold	Phantom		Monarch
14. Abgabe	Beitrag	Lasten	Taxe		Illustrierte
15. Grube	Mulde	Trog	Trichter		Saum
16. Burg	Bunker	Festung	Schloß		Masse
17. Hof	Hütte	Kate	Iglu		Seil
18. Fürst	König	Sultan	Schah		Balken
19. Bub	Bursche	Junge	Knabe		Jüngling
20. Acker	Boden	Grund	Feld		Gage
21. Getöse	Gepolter	Knall	Krach		Insasse
22. Schar	Fülle	Menge	Schwall		Steuern
23. Borde	Einfassung	Kante	Ranft		Pfahl
24. Mast	Stab	Schaft	Stock		Triumph
25. Aufstellung	Liste	Plan	Übersicht		Unrast
26. Gram	Harm	Kummer	Sorge		Krater
27. Knuff	Schubs	Schwups	Stups		Villa
28. Leine	Strang	Strick	Tau		Flagge
29. Ergebnis	Erfolg	Gewinn	Treffer		Schmerz
30. Gebaren	Gehabe	Geste	Miene		Qual

Für jeden richtig ergänzten Begriff gibt es 1 Punkt!   Punkte: _____

A 49 Zuordnungen

In jeder der folgenden 6 Aufgaben werden 2 Begriffe umschrieben. Du sollst entscheiden, ob sich die jeweiligen Wörter darunter mehr dem einen oder anderen Begriff zuordnen lassen!

1. Kennzeichne die folgenden 12 Wörter mit M, wenn sie sich mehr auf den **Menschen**, mit T, wenn sie sich eher auf das **Tier** beziehen!

Sprache	(**M**)	Technik	( )	Gedanke	( )
Beute	(**T**)	Herde	( )	Bewußtsein	( )
Kunst	( )	Scham	( )	Trieb	( )
Futter	( )	Instinkt	( )	Winterschlaf	( )

2. Kennzeichne die folgenden 12 Wörter mit V, wenn sie mehr dem **Verstand**, mit G, wenn sie eher dem **Gefühl** zuzuordnen sind!

Wärme	( )	Planung	( )	Liebe	( )
Logik	( )	Trauer	( )	Mathematik	( )
Vernunft	( )	Angst	( )	Freude	( )
Beherrschung	( )	Mitleid	( )	Schmerz	( )

3. Kennzeichne die folgenden 12 Wörter mit R wenn sie mehr auf **Ruhe**, mit B, wenn sie eher auf **Bewegung** verweisen!

Kampf	( )	Geduld	( )	Zeit	( )
Stille	( )	Friede	( )	Gebet	( )
Gestik	( )	Wind	( )	Auto	( )
Tod	( )	Wellen	( )	Erde	( )

4. Kennzeichne die folgenden 12 Wörter mit N, wenn sie eher mit der **Natur**, mit T wenn sie mehr mit der **Technik** zu tun haben!

Pipeline	( )	Weichsel	( )	Höhle	( )
Kompression	( )	Moos	( )	Orkan	( )
Taiga	( )	Motor	( )	Granit	( )
Tundra	( )	Metall	( )	Schublehre	( )

5. Kennzeichne die folgenden 12 Wörter mit L, wenn sie sich eher auf **Literatur**, mit G, wenn sie sich mehr auf **Grammatik** beziehen!

Drama	( )	Zitat	( )	Superlativ	( )
Satire	( )	Vokal	( )	Poesie	( )
Passiv	( )	Substantiv	( )	Tragödie	( )
Kasus	( )	Prosa	( )	Prädikat	( )

6. Kennzeichne die folgenden 12 Wörter mit C, wenn sie sich eher der **Chemie**, mit P, wenn sie sich mehr der **Physik** zuordnen lassen!

Oxid	( )	Molekül	( )	Rolle	( )
Hebel	( )	Gemisch	( )	Salze	( )
Schatten	( )	Magnet	( )	Energie	( )
Natrium	( )	Ampere	( )	Element	( )

Für jede eindeutig richtige Zuordnung gibt es 1 Punkt!   Punkte: _____

Wie bei Zahlen, so lassen sich auch zwei Wortpaare bilden, die in einem ähnlichen Verhältnis zueinander stehen. So kann man z. B. sagen: „Schiff und Wasser" verhalten sich zueinander wie „Auto und Straße". Ergänze im folgenden das jeweils 2. Wortpaar!

1. Abend und Nacht wie Herbst und **Winter** _____

2. Hose und Kleidungsstück wie Zange und _____

3. Glühbirne und Lampe wie Töne und _____

4. Laub und Baum wie Leder und _____

5. Wort und Sprache wie Ton und _____

6. Regen und Hagel wie Wasser und _____

7. Hut und Kopf wie Schuh und _____

8. Ei und Schale wie Baum und _____

9. Stamm und Baum wie Stengel und _____

10. Insel und Meer wie Oase und _____

11. Ofen und Wärme wie Kühlschrank und _____

12. Uhr und Zeit wie Thermometer und _____

13. Apfel und Schale wie Körper und _____

14. Haus und Stadt wie Zimmer und _____

15. Kugel und Pistole wie Pfeil und _____

16. Butter und Milch wie Mehl und _____

17. Hund und Hütte wie Vogel und _____

18. Vater und Sohn wie Mutter und _____

19. Straße und Weg wie Fluß und _____

20. Uhr und Feder wie Staubsauger und _____

21. Schere und Papier wie Säge und _____

22. Schiff und Wind wie Mühlrad und _____

23. Mantel und Knopf wie Tür und _____

24. Tür und Scharnier wie Rad und _____

25. Glas und Spiegel wie Stahl und _____

26. Schublade und Kommode wie Matratze und _____

27. Gedanke und Schrift wie Melodie und _____

Für jedes richtig ergänzte Wortpaar gibt es 1 Punkt!   Punkte: _____

Wie bei Zahlen, so lassen sich auch zwei Wortpaare bilden, die in einem ähnlichen Verhältnis zueinander stehen. So kann man z. B. sagen: „Schiff und Fluß" verhalten sich zueinander wie „Fahrrad und Weg". Ergänze im folgenden den jeweils fehlenden Begriff!

1. Trompete und blasen wie Klavier und _____

2. Holz und sägen wie Papier und _____

3. Brot und essen wie Wasser und _____

4. Trauer und weinen wie Freude und _____

5. Fleiß und loben wie Faulheit und _____

6. Auto und fahren wie Hubschrauber und _____

7. Zahlen und rechnen wie Buchstaben und _____

8. Berg und Höhe wie _____ und Tiefe

9. Zucker und Süße wie _____ und Schärfe

10. Löffel und Suppe wie _____ und Heu

11. Auto und Straße wie _____ und Schiene

12. Frühjahr und Regen wie _____ und Schnee

13. Einrichtung und Schrank wie _____ und Zimmer

14. Hitze und Temperatur wie _____ und Zeit

15. Frosch und _____ wie Mensch und Schwimmflossen

16. Garten und _____ wie Burg und Mauer

17. Liter und _____ wie Blau und Farbe

18. Leiter und _____ wie Buch und Seite

19. Schneider und _____ wie Schreiner und Säge

20. Schmetterling und _____ wie Frosch und Kaulquappe

21. Eber und _____ wie Kater und Katze

22. _____ und Gänserich wie Schaf und Hammel

23. _____ und Polen wie Peking und China

24. _____ und Zischen wie Uhr und Ticken

25. _____ und Körper wie Schale und Kartoffel

26. _____ und Abkühlung wie Behaglichkeit und Wärme

27. _____ und Tanne wie Blatt und Eiche

Für jedes richtig ergänzte Wortpaar gibt es 1 Punkt!   **Punkte:** _____

In den folgenden 21 Überschriften steht immer ein „Wortverhältnis". Wähle aus den darunterstehenden Wortverhältnissen (a–c) ein Wortpaar aus, das dem obersten am meisten entspricht. Beispiel: „Vogel und Fisch" verhalten sich zueinander wie „Luft und Wasser". Notiere die Lösungen wie unten im Beispiel!

1. Vogel : Fisch
a) Igel : Garten
b) ~~Luft : Wasser~~
c) Riese : Zwerg

2. Löwe : Käfig
a) Blume : Wiese
b) Garten : Zaun
c) Karl : Gefängnis

3. Baum : Wald
a) Seite : Heft
b) Blume : Beet
c) Stufe : Flur

4. Uhr : Zeiger
a) Baum : Boden
b) Auto : Rad
c) Schiff : Meer

5. Tag : Stunde
a) Jahr : Monat
b) Kino : Leinwand
c) Segel : Wind

6. Hut : Knopf
a) Finger : Handschuh
b) Korb : Inhalt
c) Schuh : Fuß

7. Wasser : Meer
a) Schnee : Eis
b) Stube : Haus
c) Stein : Felsen

8. Ton : Musik
a) Wort : Sprache
b) Strophe : Lied
c) Gedicht : Buch

9. Alter : Jugend
a) Vater : Sohn
b) Greis : Baby
c) Junge : Mutter

10. Zopf : Haar
a) Riß : Brett
b) Knoten : Faden
c) Mutter : Schraube

11. Kamm : Haare
a) Besen : Staub
b) Schaufel : Erde
c) Striegel : Fell

12. Bach : Fluß
a) See : Meer
b) Weg : Straße
c) Hügel : Berg

13. Zeisig : Vogel
a) Tisch : Möbel
b) Mensch : Peter
c) Schüler : Lehrer

14. Stufe : Sprosse
a) Stiege : Gang
b) Wetter : Wind
c) Treppe : Leiter

15. Schlüssel : Schloß
a) Lösung : Problem
b) Öffnung : Schließung
c) Zündholz : Schachtel

16. Holz : Papier
a) Stein : Plastik
b) Säge : Schere
c) Zange : Nagel

17. Stundenplan : Unterricht
a) Klasse : Schule
b) Landkarte : Gebirge
c) Fahrplan : Zug

18. Tisch : Ufer
a) Seite : Rand
b) Bild : Rahmen
c) Wiese : Weg

19. Teil : Ganzes
a) Loch : Brett
b) Glied : Kette
c) Sonne : Himmel

20. Wasser : Überschwemmung
a) Eis : Kälte
b) Schnee : Lawine
c) Sturm : Wüste

21. Schnitzer : Holz
a) Stein : Bildhauer
b) Leim : Schreiner
c) Metall : Schlosser

Lösung: **1. b,** _____

_____ .

Für jedes richtig erkannte Wortpaar gibt es 1 Punkt!   Punkte: _____

A 53 Je – desto – Sätze

Die nachstehenden 18 (Je-)Sätze ergänze so, daß sie folgerichtig (logisch) sind! Dafür stehen dir jeweils vier Auswahlantworten zur Verfügung. Streiche die Möglichkeit (a–d), die du für richtig hältst durch, und notiere unten die Lösung!

1. Je dicker der Baumstamm, desto ...
   a) größer die Krone.
   b) höher der Stamm.
   c) ~~größer der Durchmesser.~~
   d) grüner die Blätter.

2. Je stärker der Regen, desto ...
   a) höher die Wolken.
   b) feuchter die Erde.
   c) besser die Ernte.
   d) dicker die Tropfen.

3. Je länger das Diktat, desto ...
   a) mehr wird geschrieben.
   b) wichtiger der Inhalt.
   c) interessanter das Thema.
   d) größer die Aufmerksamkeit.

4. Je mehr man lernt, desto ...
   a) intelligenter wird man.
   b) besser das Zeugnis.
   c) mehr vergißt man.
   d) mehr weiß man.

5. Je größer das Zimmer, desto ...
   a) höher die Tür.
   b) größer der Rauminhalt.
   c) größer die Fenster.
   d) mehr Möbel braucht es.

6. Je mehr man schwitzt, desto ...
   a) größer der Hunger.
   b) mehr Sport treibt man.
   c) mehr Flüssigkeit verliert man.
   d) gesünder lebt man.

7. Je mehr man verdient, desto ...
   a) mehr Steuern zahlt man.
   b) mehr gibt man aus.
   c) reicher wird man.
   d) geiziger wird man.

8. Je schwieriger eine Aufgabe, desto ...
   a) interessanter ist sie.
   b) länger ist sie.
   c) mehr Konzentration braucht man.
   d) einfacher ist die Lösung.

9. Je jünger der Mensch, desto ...
   a) mehr Freizeit braucht er.
   b) gesünder ist er.
   c) weniger verdient er.
   d) weniger Lebenserfahrungen hat er.

10. Je größer der Durst, desto ...
    a) unwichtiger der Geschmack.
    b) mehr trinkt man.
    c) schneller trinkt man.
    d) teurer das Getränk.

11. Je kälter der Winter, desto ...
    a) wärmer der Sommer.
    b) mehr Niederschlag.
    c) größer die Erkältungsgefahr.
    d) dicker das Eis.

12. Je schlechter die Schule, desto ...
    a) höher der Leistungsdruck.
    b) unzufriedener die Eltern.
    c) froher die Schüler.
    d) fleißiger die Lehrer.

13. Je stärker die Automatisierung, desto ...
    a) höher die Löhne.
    b) wichtiger die Arbeit.
    c) weniger Arbeitsplätze.
    d) teurer die Produkte.

14. Je schneller ein Auto, desto ...
    a) kürzer die Fahrzeit.
    b) größer die Unfallgefahr.
    c) größer das Vergnügen.
    d) kürzer der Bremsweg.

15. Je länger die Arbeit, desto ...
    a) mehr Urlaub.
    b) höher der Verdienst.
    c) größer die Anstrengung.
    d) kürzer die Freizeit.

16. Je älter der Mensch, desto ...
    a) höher seine Rente.
    b) klüger seine Entscheidungen.
    c) geringer seine Lebenserwartung.
    d) mehr verreist er.

17. Je höher die Preise, desto ...
    a) geringer die Kaufkraft des Geldes.
    b) geringer die Nachfrage.
    c) höher das Warenangebot.
    d) höher das Einkommen.

18. Je höher der Berg, desto ...
    a) schöner die Aussicht.
    b) gefährlicher der Abstieg.
    c) spitzer der Gipfel.
    d) dünner die Atmosphäre.

Lösung: **1. c,** _____

_____ .

Für jeden richtig ergänzten Satz gibt es 2 Punkte!　　　　　**Punkte:** _____

*Die folgenden Sätze sollst du danach beurteilen, ob sie eine „Information" (**I**) oder ein „Vorurteil" (**V**) enthalten. Informationen sind überprüfbare Aussagen (Daten, Fakten, Mitteilungen). Vorurteile sind vorgefaßte Ansichten. Es sind Meinungen ohne ausreichende Kenntnis z. B. über einzelne Menschen oder gesellschaftliche Gruppen.*

1. Ärzte müssen ein Studium absolvieren. (I / V̸)
2. Raucher gefährden ihre Gesundheit. (I / V)
3. Alle Deutschen essen täglich Kartoffeln. (I / V)
4. Griechen arbeiten langsamer als Schweizer. (I / V)
5. Karl der Große und Wilhelm II. waren Deutsche Kaiser. (I / V)
6. In Großstädten wird jede Nacht ein Mensch ermordet. (I / V)
7. Franzosen trinken mittags Rotwein. (I / V)
8. Auch in Schweden gibt es Menschen ohne festen Wohnsitz. (I / V)
9. Jungen schreiben bessere Chemietests als Mädchen. (I / V)
10. Morse, Gutenberg und Henlein sind berühmte Erfinder. (I / V)
11. Menschen über 70 Jahre sollten keinen Sport betreiben. (I / V)
12. Die meisten Lehrer sind mit ihrem Beruf unzufrieden. (I / V)
13. Der Deutsche Emil Krebs beherrschte 70 Sprachen. (I / V)
14. Frauen sind schlechtere Autofahrer als Männer. (I / V)
15. Wer arbeitslos ist, hat dies selbst verschuldet. (I / V)
16. Es spielen in Deutschland weniger Menschen Handball als Fußball. (I / V)
17. Die Musik von W. A. Mozart ist beliebter als die von F. Schubert. (I / V)
18. Schlecht gekleideten Menschen darf man nicht vertrauen. (I / V)
19. Es fahren mehr Schweden in den Süden als Italiener in den Norden. (I / V)
20. Schwaben sind sparsamer als Rheinländer. (I / V)
21. In Flensburg gibt es weniger Biergärten als in München. (I / V)
22. Wer in der Klasse vorn sitzt, konzentriert sich besser. (I / V)
23. Nur wer sein Studium mit „1" oder „2" absolviert, macht später Karriere. (I / V)
24. Intelligenz ist Voraussetzung für Glück. (I / V)
25. Aus Erdöl lassen sich Kunststoffe gewinnen. (I / V)
26. Krimis wirken auf die meisten Menschen entspannend. (I / V)
27. BMW-Fahrer drängeln im Straßenverkehr. (I / V)
28. Menschen neigen im allgemeinen zu Vorurteilen. (I / V)
29. Kinderlose sind große Egoisten. (I / V)
30. Fußball übt auf viele Menschen eine große Anziehungskraft aus. (I / V)

Lösung: **1. I,**

*Lies aufmerksam die folgenden 30 Sätze und überlege, ob sie eine „Tatsache" (**T**) oder eine „Meinung" (**M**) ausdrücken! Notiere unten die Lösung!*

1. In Italien scheint öfters die Sonne als in Deutschland.   (T / M̶)
2. Reisen mit dem eigenen Auto ist erholsamer als mit dem Zug.   (T / M)
3. Ferien sind um so schöner, je weiter man reist.   (T / M)
4. Im Sommer verreisen mehr Menschen als im Winter.   (T / M)
5. In Spanien verbringen mehr Engländer ihren Urlaub als in Ungarn.   (T / M)
6. Je mehr eine Reise kostet, um so interessanter ist sie.   (T / M)
7. Die Sommerferien erscheinen oft zu kurz.   (T / M)
8. Turnen erfordert mehr Training als Boxen.   (T / M)
9. Schwimmen ist gesünder als Wandern.   (T / M)
10. Wir kennen nur die Erde als bewohnten Planeten.   (T / M)
11. Die menschliche Seele lebt nach dem Tod weiter.   (T / M)
12. Menschliches Leben endet nach dem Tod.   (T / M)
13. Im Jahre 2020 gibt es keinen Krieg mehr.   (T / M)
14. Ohne Kunststoffe kommen wir nicht mehr aus.   (T / M)
15. Luft und Wasser sind lebenswichtig.   (T / M)
16. Geld macht jeden Menschen glücklich.   (T / M)
17. Städte an Rhein und Mosel sind hochwassergefährdet.   (T / M)
18. Die Demokratie gilt als die beste Staatsform.   (T / M)
19. Am Meer kann man sich besser als im Gebirge erholen.   (T / M)
20. Im Unterschied zum Tier hat nur der Mensch eine Religion.   (T / M)
21. Jede Gesellschaft braucht viele Professoren.   (T / M)
22. Not macht oft erfinderisch.   (T / M)
23. Latein ist eine leicht erlernbare Sprache.   (T / M)
24. Viele Träume werden Wirklichkeit.   (T / M)
25. Auch Pflanzen brauchen Wasser.   (T / M)
26. Ein Computer weiß alles.   (T / M)
27. Die Weltbevölkerung nimmt ständig zu.   (T / M)
28. Werbung beeinflußt die Käufer nicht.   (T / M)
29. Die Industrie beeinflußt das Klima der Erde.   (T / M)
30. Der menschliche Körper kann durch Ängste krank werden.   (T / M)

Lösung: __1. T,__ _____

_____

_____

Für jede richtige Feststellung gibt es 2 Punkte!   Punkte: _____

*Lies aufmerksam die folgenden 25 Sätze und überlege, ob sie „richtig" (**R**) oder „falsch" (**F**) sind! Notiere unten die Lösung!*

1. Der Mensch stammt nicht direkt vom Affen ab. (R / F̶)
2. Die Sinnesorgane des Menschen sind besser als die der Tiere. (R / F)
3. Nur der Mensch kann sich durch Laute verständigen. (R / F)
4. Nicht jeder Abiturient besucht eine Hochschule. (R / F)
5. In Deutschland kann jedes Kind mit 6 Jahren die Schule besuchen. (R / F)
6. Weil wir mit den Augen sehen, hören wir mit den Ohren. (R / F)
7. Ohne Sauerstoff können wir nicht leben. (R / F)
8. Ohne Uhren wüßten wir nie, wie spät es ist. (R / F)
9. Wenn jeder kluge Mensch ein Affe wäre, wären alle Affen klug. (R / F)
10. Nicht nur die Armen, sondern auch die Reichen haben Sorgen. (R / F)
11. Wären alle Menschen dumm, gäbe es nur dumme Schüler. (R / F)
12. Ohne Wasser müßten wir sterben. (R / F)
13. Nur der Mensch weiß, daß er stirbt. (R / F)
14. Bald wird es eine neue Eiszeit geben. (R / F)
15. Ohne Sprache gibt es keine Verständigung. (R / F)
16. Manche Tiere überleben mehrere Monate ohne Nahrung. (R / F)
17. Wenn alle Früchte gut schmeckten, gäbe es keine giftigen Früchte. (R / F)
18. Vererbung und Umwelt beeinflussen menschliches Verhalten. (R / F)
19. Nur der elektrische Strom erzeugt Licht. (R / F)
20. Wenn alle Bäume Nadelbäume wären, gäbe es keine Birnen mehr. (R / F)
21. Wenn kein Stein härter wäre als der andere, dann wären alle Steine gleich hart. (R / F)
22. Wenn alle Berge gleich hoch wären, wären alle Täler gleich tief. (R / F)
23. Hätte Gutenberg 1446 den Buchdruck nicht erfunden, gäbe es keine Bücher. (R / F)
24. Wären alle Kreise sechseckig, wären alle Halbkreise eckig. (R / F)
25. Wären alle Schüler klug, gäbe es nur kluge Lehrer. (R / F)

Lösung: **1. R,** _____

_____

_____ .

Für jeden richtig beurteilten Satz gibt es 2 Punkte!   Punkte: _____

Ähnlich wie bei einem Puzzle sind bei den folgenden 48 Wörtern – Adjektiven, Verben und Substantiven – jeweils 2–4 Buchstaben herausgenommen worden. Die alte Reihenfolge bleibt im Wortrest erhalten. Die herausgenommenen Buchstaben sind jedoch durcheinander gekommen. Setze sie wieder an die richtige Stelle!

1. eki (g / c)   eckig _____

2. shac (c / h / w) _____

3. fsh (r / c / i) _____

4. rau (n / b) _____

5. tak (r / s) _____

6. hül (w / c / s) _____

7. vlet (t / i / o) _____

8. uneudlich (r / f / n) _____

9. hgeli (g / ü) _____

10. tocen (k / r) _____

11. ter (e / u) _____

12. inzg (i / w) _____

13. lagsa (n / m) _____

14. shnel (c / l) _____

15. edudg (l / g / i) _____

16. aendig (w / u / f) _____

17. ruh (n / e) _____

18. weigen (h / c / s) _____

19. bwhen (c / a / e) _____

20. ulen (ä / q) _____

21. secen (h / r / p) _____

22. efndn (i / r / e) _____

23. chagn (l / s / e) _____

24. jmer (n / a / m) _____

25. raere (d / n / i) _____

26. enecen (k / t / d) _____

27. heimlichen (e / r / v) _____

28. abol (e / h / n) _____

29. trnke (n / i) _____

30. krae (z / t / n) _____

31. ese (n / s) _____

32. muen (l / a) _____

33. Afan (g / n) _____

34. rmt (u / A) _____

35. Mehra (h / l / z) _____

36. chrnsei (t / n / S / o) _____

37. Lbenmite (s / e / t / l) _____

38. Vrung (p / s / r / o) _____

39. Spierlauf (l / e / v) _____

40. enteer (b / A / u) _____

41. Reienolg (f / e / h) _____

42. Keidn (u / g / l) _____

43. Fugat (l / p / l / z) _____

44. Spge (e / i / l) _____

45. uler (v / P) _____

46. uckdos (r / Z / e / e) _____

47. Finerna (e / l / g / g) _____

48. tuhlben (i / S / e) _____

Für jedes richtig gebildete Wort gibt es 1 Punkt!   **Punkte:** _____

In der folgenden Wortliste stehen 30 Substantive, die vier verschiedene Vokale (a, e, i, o oder u) besitzen. Allerdings sind die Vokale in jedem Wort vertauscht worden. Dies berichtige!

1. Kertaffolbrie   **Kartoffelbrei** _____
2. Gordenanstiff _____
3. Uofsachtspirsen _____
4. Bachienbund _____
5. Breifmerkanulbam _____
6. Kefforrodai _____
7. Korchtermglicku _____
8. Wossirpestela _____
9. Sanntegsspizaargong _____
10. Rasunstroech _____
11. Wechsfugerinkibanatt _____
12. Hoemitart _____
13. Bantpupeir _____
14. Wussorrehrbrach _____
15. Wentirmanot _____
16. Kistenaanbuam _____
17. Batturbretpopeir _____
18. Lachthipunsegnil _____
19. Schnettmosturbegin _____
20. Schmackdeibstuhl _____
21. Hendpippanspeul _____
22. Breiftuabonpest _____
23. Vigilflegloneu _____
24. Estarnechtgettosdoinst _____
25. Wissurschetzpelizoa _____
26. Schlessirmuestorprüfeng _____
27. Knoibendhesu _____
28. Danoadimpfschaffehrtsgusallscheft _____
29. Heasflertruppinlucht _____
30. Hendischlettanfuhrt _____

Für jedes richtig geschriebene Substantiv gibt es 1 Punkt!   **Punkte:** _____

Hier zeige, wie einfallsreich du Wörter bilden kannst. Schreibe mindestens 5 Substantive auf, in denen die jeweils 3 vorgegebenen Buchstaben enthalten sind!

1. (B / R / N): z. B. Brand, _____

2. (K / R / T): z. B. Krater, _____

3. (M / N / D): z. B. Mund, _____

4. (E / R / S): z. B. Rest, _____

5. (A / T / T): z. B. Tat, _____

6. (A / L / L): z. B. Ball, _____

7. (E / S / T): z. B. Pest, _____

8. (O / L / N): z. B. Lohn, _____

9. (E / I / N): z. B. Bein, _____

10. (A / E / U): z. B. Staude, _____

11. (L / U / T): z. B. Verlust, _____

12. (A / U / S): z. B. Brause, _____

13. (E / P / P): z. B. Puppe, _____

14. (E / T / S): z. B. Stufen, _____

15. (I / E / R): z. B. Tiger, _____

16. (A / E / N): z. B. Garten, _____

17. (L / C / H): z. B. Licht, _____

18. (E / P / F): z. B. Pfeffer, _____

19. (D / I / E): z. B. Eid, _____

20. (S / T / R): z. B. Streit, _____

Für jedes richtig notierte Beispiel gibt es 1 Punkt!   **Punkte:** _____

*Hier sind 2 x 25 Wörter „geschüttelt" worden: In der Spalte **A** Wörter aus 3 Buchstaben und in der Spalte **B** Wörter aus 4 Buchstaben. Sortiere die Buchstaben wieder so, daß jeweils sinnvolle Substantive entstehen!*

A		**B**	
1. A T L	Tal _____	1. E I S L	_____
2. T R O	_____	2. E I L B	_____
3. D I E	_____	3. A H M L	_____
4. I S E	_____	4. A A L S	_____
5. H E R	_____	5. E R H D	_____
6. O T N	_____	6. A L L B	_____
7. D O T	_____	7. C A H F	_____
8. T H U	_____	8. A N W D	_____
9. S U B	_____	9. F P O K	_____
10. T T A	_____	10. Z R H E	_____
11. O B B	_____	11. A U L S	_____
12. F H U	_____	12. A S E N	_____
13. T L O	_____	13. I B L D	_____
14. U A T	_____	14. D I L W	_____
15. B U A	_____	15. B R E E	_____
16. E E H	_____	16. S O O M	_____
17. I N L	_____	17. A L Z S	_____
18. U G Z	_____	18. T O B R	_____
19. E S E	_____	19. U P E H	_____
20. E G W	_____	20. E E L S	_____
21. S T A	_____	21. E L T W	_____
22. U H E	_____	22. L K E I	_____
23. O T N	_____	23. G A N R	_____
24. A T R	_____	24. N A K D	_____
25. O S L	_____	25. E E D N	_____

Für die Wörter unter A gibt es je 1 Punkt, für die unter B je 2 Punkte!　　　　**Punkte:** _____

Die folgenden Kleinwörter wie zum Beispiel „an, bei, da, in, los, nun, ob" lesen und schreiben wir immer wieder. Erkennst du diese Kleinwörter, obwohl sie alle aneinander geschrieben sind? Trenne sie durch Bleistiftstriche, zähle sie und lies sie möglichst schnell vor.

ab|aber|allealleinalsamanandersauchaufausaußen
baldbeibeimbeidebesserbinbisbistbittebreit
buntdadabeidaherdamitdanachdankedanndaraufdarum
dasdaßdavondavordazudeindemdendennderdesdeshalb
dichdickdiediesedieserdochdortdreidurchduein
eineeinemeineneineserersteetwaseuerfalschfast
fertigfestfernfortfreifrischfrohfrühfünfgabganz
gargebengefährlichgegengehengehtgelbgenaugern
gesterngibginggleichgroßguthabenhalbharthasthat
hatteheißherherabheranheraufheraushereinheute
hierhochhöherhinhinaufhinaushintenhinterichihm
ihnihrimimmerininnenistjajederjemandjetztkalt
kamkannkannstkaputtkeinkennenklarkommenkommt
konntekrankkurzlanglaßlautleichtleerleiselieb
linkslosmachenmachtmalmanmanchmalmehrmeinmich
mirmitmorgenmußmüssennachnachtsnahnähernaßnein
nieniemalsneunichtnichtsnieniemalsniemandnoch
nunnurobobenoderoffenohnequerranrausrechtrechts
reinrichtigrückwärtsrundsagensagtsauberschief
schlechtschönschonsehrseidseinseitselbstsich
siebensindsolchsollsüßtausendteilentragentrocken
trotzdemtunüberübrigumundunsunseruntenunterviel
vollvomvonvorvoranvorausvorbeivorherwahrwarwas
wegenwelchwemwenwenigwerwerdenwiederwillwirwird
wowohlwurdezehnzuzumzuletztzurzwanzigzwei

*In diesem Buchstabenfeld „verstecken" sich **waagerecht** (von links nach rechts), **senkrecht** (von oben nach unten) und **diagonal** viele Ländernamen. Sie sind unten angeführt. Suche die Wörter im Diagramm und kennzeichne sie hier!*

```
L S T B A M T K O K I R G I S I E N
I G A E N A V U N E P A L D P A B I
B U I N T L W B N N O R W E G E N G
E A W I I I T A L I E N J C H I L E
R T A N G C O S T A R I C A Z I A R
I E N L U H G M S I T N V Z P R B G
A M O N A C O V A X Y D A S T A C A
B A W I S L A N D N Z I M N R N N M
E L V E O A R U S V R E Z U Z D W B
L A K D P Q M T S E W N B T O A A I
S I K E R I S O C T D A G R H N G A
A R U R I P R L A I R L R S G J L A
L L W L A O S G H H V A H O C E O L
V A A A P L M A L A W I L F L M N G
A N I N O E M P L I C A G I F E M E
D D T D D N L K A T A R U S E N A R
O B P E R U K R A I N E A E U N L I
R U A N D A N A U R U U M T J D T E
R U S S L A N D K A S A C H S T A N
G A B U N M E X I K O S P A N I E N
```

Algerien, Andorra, Angola, Antigua, Aruba, Australien, Chile, Costa Rica, El Salvador, Gabun, Gambia, Guam, Guatemala, Haiti, Indien, Irak, Iran, Irland, Island, Italien, Japan, Jemen, Kasachstan, Katar, Kenia, Kirgisien, Kuba, Kuwait, Laos, Liberia, Malawi, Mali, Malta, Mexiko, Monaco, Nauru, Nepal, Niederlande, Niger, Norwegen, Oman, Peru, Polen, Ruanda, Russland, Samoa, Spanien, Sudan, Taiwan, Togo, Ukraine, Zaire

Für jeden entdeckten Ländernamen gibt es 1 Punkt!　　　　　　**Punkte:** _____

A 63 Quartett

In jedem der folgenden 2 Kästen stehen 48 Wörter, die 12 Gruppen mit jeweils 4 Verben **A** und je 4 Adjektiven **B** bilden. Dies sind Wörter mit ähnlicher Bedeutung. Markiere und notiere die „Quartetts" wie im (Lösungs-)Beispiel!

A

1. speisen, 2. beugen, 3. lodern, 4. annehmen, 5. verzehren, 6. ~~preschen~~, 7. genehmigen, 8. erlauben, 9. stolpern, 10. neigen, 11. ~~rennen~~, 12. essen, 13. glühen, 14. glauben, 15. wogen, 16. wimmern, 17. schwatzen, 18. klagen, 19. stürzen, 20. fluten, 21. rügen, 22. tadeln, 23. hänseln, 24. jammern, 25. ~~stürmen~~, 26. gestatten, 27. strömen, 28. ducken, 29. glimmen, 30. vermuten, 31. tafeln, 32. schimpfen, 33. tratschen, 34. ~~eilen~~, 35. bücken, 36. brennen, 37. meinen, 38. schelten, 39. bewilligen, 40. murmeln, 41. frotzeln, 42. seufzen, 43. foppen, 44. fallen, 45. fließen, 46. flüstern, 47. sticheln, 48. straucheln

Lösung:

1. **6 / 11 / 25 / 34** _____   5. _____   9. _____

2. _____   6. _____   10. _____

3. _____   7. _____   11. _____

4. _____   8. _____   12. _____

B

1. ~~arm~~, 2. echt, 3. geschmeidig, 4. schwül, 5. klotzig, 6. richtig, 7. schlaff, 8. gelenkig, 9. wahr, 10. ~~besitzlos~~, 11. grob, 12. pappig, 13. steinig, 14. unartig, 15. derb, 16. uneben, 17. dürftig, 18. teigig, 19. warm, 20. plump, 21. robust, 22. ~~mittellos~~, 23. boshaft, 24. weich, 25. biegsam, 26. ~~elend~~, 27. massig, 28. schlimm, 29. schlapp, 30. buckelig, 31. sonnig, 32. wirklich, 33. schwerfällig, 34. klebrig, 35. tückisch, 36. schadenfroh, 37. gering, 38. hinterlistig, 39. klobig, 40. energielos, 41. böse, 42. holprig, 43. spärlich, 44. hämisch, 45. zäh, 46. heiß, 47. wenig, 48. beweglich

Lösung:

1. **1 / 10 / 22 / 26** _____   5. _____   9. _____

2. _____   6. _____   10. _____

3. _____   7. _____   11. _____

4. _____   8. _____   12. _____

Für jedes richtig erkannte Quartett gibt es 4 Punkte!   **Punkte:** _____

*In jedem der Wortkästen **A**, **B** und **C** bilden immer 5 Begriffe einen Zusammenhang. So gehören z. B. bei **A** „Bundesliga", „Pokal", „Toto", „Strafstoß" und „Trainer" zusammen. Markiere und notiere die „Quintetts" wie im (Lösungs-)Beispiel!*

A

> 1. ~~Bundesliga~~, 2. Aluminium, 3. Dose, 4. Anzug, 5. ~~Pokal~~, 6. Smoking, 7. Leber, 8. Blei, 9. ~~Toto~~, 10. Tasse, 11. Herz, 12. Kostüm, 13. Topf, 14. Frack 15. Magen, 16. Eisen, 17. ~~Strafstoß~~, 18. Kupfer, 19. Büchse, 20. ~~Trainer~~, 21. Gold, 22. Niere, 23. Eimer, 24. Pyjama, 25. Lunge

B

> 1. Polen, 2. Vesuv, 3. Gerste, 4. Dornröschen, 5. Brocken, 6. Peru, 7. Bombay, 8. Mais, 9. Toulon, 10. Elbrus, 11. China, 12. Drosselbart, 13. Halifax, 14. Rosenrot, 15. Berlin, 16. Weizen, 17. Großglockner, 18. Ungarn, 19. Hafer, 20. Ätna, 21. Rotkäppchen, 22. Nigeria, 23. Gretel, 24. Roggen, 25. Neapel

C

> 1. Turnen, 2. Escudo, 3. Dynamometer, 4. Fagott, 5. Schutzblech, 6. Polo, 7. Tachometer, 8. Rubel, 9. Ventil, 10. Oboe, 11. Boxen, 12. Forint, 13. Dynamo, 14. Judo, 15. Triangel, 16. Voltmeter, 17. Pedal, 18. Dinar, 19. Thermometer, 20. Pfund, 21. Bratsche, 22. Fechten, 23. Pauke, 24. Felge, 25. Barometer

Lösung:

A	B	C
1. **Fußball: 1 / 5 / 9 / 17 / 20**	1. _____	1. _____
2. _____	2. _____	2. _____
3. _____	3. _____	3. _____
4. _____	4. _____	4. _____
5. _____	5. _____	5. _____

Für jedes richtig erkannte Quintett gibt es 2 Punkte!   **Punkte:** _____

A 65   Sinnverwandt

In jeder Zeile (1–30) stehen jeweils 6 Wörter (a–f): Adjektive (1–15) und Verben (16–30). Vier der 6 Wörter sind immer „sinnverwandt", zwei sind es nicht. Sie streiche aus!

	a)	b)	c)	d)	e)	f)
1.	still	~~müde~~	ruhig	~~gesund~~	tonlos	leise
2.	bitter	blank	gallig	herb	streng	blaß
3.	grausam	barsch	ruppig	patzig	roh	unfreundlich
4.	schal	modrig	muffig	stickig	dunkel	dumpf
5.	echt	wahr	wirklich	lieb	richtig	glatt
6.	eben	dürr	flach	leer	platt	waagerecht
7.	glitschig	glatt	blank	rutschig	schlüpfrig	grau
8.	gierig	borstig	bärtig	haarig	steif	struppig
9.	flink	flott	toll	fleißig	schnell	rasch
10.	nackt	kühl	frisch	rasch	kalt	frostig
11.	rar	dürftig	knapp	kärglich	geizig	arm
12.	gutherzig	brav	neu	lieb	licht	folgsam
13.	grob	schlimm	derb	schlecht	plump	ungeschickt
14.	mutig	gut	kühn	tapfer	regsam	wacker
15.	wertlos	welk	verdorrt	verblüht	nutzlos	schlaff
16.	drehen	richten	wenden	bewegen	kreisen	rollen
17.	raufen	ringen	rutschen	balgen	siegen	kämpfen
18.	verhüllen	verdrängen	vertuschen	verweigern	verschleiern	verheimlichen
19.	stolpern	reißen	schieben	drücken	stoßen	drängen
20.	entlasten	erleichtern	abnehmen	ersetzen	retten	vermindern
21.	stehen	fallen	stürzen	brechen	straucheln	stolpern
22.	strahlen	freuen	funkeln	scheinen	glitzern	wirken
23.	springen	sprossen	sprießen	gießen	knospen	keimen
24.	schreien	befreien	grölen	brüllen	beschweren	plärren
25.	tadeln	rühmen	loben	preisen	ehren	helfen
26.	schaffen	tun	blenden	verrichten	erfolgen	machen
27.	meinen	wissen	glauben	erkunden	vermuten	annehmen
28.	protzen	prahlen	peinigen	brüsten	angeben	angeln
29.	schlichten	schleifen	schmirgeln	schneiden	glätten	polieren
30.	verbinden	verknoten	verknüpfen	verwahren	verkommen	verschlingen

Lösung: <u>1. b, d,</u> _____

_____.

*Wörter wie „arm" und „reich", „groß" und „klein" drücken Gegensätze aus. Markiere mit Hilfe der Auswahlantworten (**a–d**) die folgenden 30 Gegensatzpaare und notiere unten die Lösung!*

		a)	b)	c)	d)
1.	~~Tag~~	Abend	Mittag	~~Nacht~~	Dämmerung
2.	Freund	Partner	Bekannte	Verwandter	Feind
3.	Liebe	Freude	Lust	Haß	Treue
4.	Pulver	Zucker	Stein	Festkörper	Eisen
5.	Härte	Güte	Milde	Gnade	Vergebung
6.	Tadel	Lob	Glück	Gewinn	Beifall
7.	Segen	Schimpf	Fluch	Schande	Verachtung
8.	Fernweh	Glück	Verlust	Heimweh	Sehnsucht
9.	Vogel	Himmel	Hund	Igel	Fisch
10.	Arbeit	Lohn	Freiheit	Freizeit	Gewinn
11.	Mut	Angst	Drang	Sorge	Flucht
12.	hell	weich	dumpf	schrill	finster
13.	hastig	schnell	langsam	faul	träge
14.	warm	kühl	eiskalt	kalt	frisch
15.	karg	reich	üppig	schwelgerisch	voll
16.	betrübt	froh	lustig	freundlich	spaßig
17.	gewandt	schwerfällig	faul	dumm	plump
18.	freundlich	trostlos	ablehnend	still	schlecht
19.	einsam	lebhaft	laut	beliebt	gesellig
20.	geschwätzig	ruhig	tonlos	einsilbig	bescheiden
21.	rauh	spröde	flach	glatt	glitschig
22.	aufwärts	rückwärts	abwärts	seitwärts	einwärts
23.	glutheiß	eiskalt	taufrisch	eisig	sehr kühl
24.	artig	schlimm	keck	feige	frech
25.	fest	luftig	frei	lose	offen
26.	mager	fett	üppig	dick	voll
27.	klar	grau	trübe	dunkel	verschmutzt
28.	teuer	günstig	preiswert	billig	kostenlos
29.	naß	dürr	trocken	verdorrt	herb
30.	leicht	wichtig	dick	fett	schwer

Lösung: __1. c,__ _____

_____ .

Für jedes richtige Gegensatzpaar gibt es 1 Punkt!	**Punkte:** _____

Jeder der 18 Wortblöcke besteht aus 6 Verben. Zwei davon bilden jeweils ein „Gegensatzpaar". Markiere die Wortpaare und notiere unten die Lösung.

1. a) ~~lernen~~
   b) pauken
   c) ~~vergessen~~
   d) wiederholen
   e) vertiefen
   f) bemühen

7. a) sinnen
   b) vorhaben
   c) träumen
   d) nachdenken
   e) phantasieren
   f) wachen

13. a) anbieten
    b) billigen
    c) preisgeben
    d) begrüßen
    e) ablehnen
    f) versagen

2. a) anhalten
   b) gehen
   c) laufen
   d) stehen
   e) rennen
   f) tanzen

8. a) arbeiten
   b) herrschen
   c) dienen
   d) versklaven
   e) sich fügen
   f) aufgeben

14. a) fahren
    b) bewegen
    c) kommen
    d) fliegen
    e) verschwinden
    f) gehen

3. a) steigen
   b) marschieren
   c) fallen
   d) auftauchen
   e) auffangen
   f) aufstehen

9. a) verweilen
   b) bleiben
   c) wechseln
   d) gehen
   e) sitzen
   f) aufstehen

15. a) kühlen
    b) empfinden
    c) schmelzen
    d) frieren
    e) tauen
    f) erhitzen

4. a) sühnen
   b) vergelten
   c) vergeben
   d) beleidigen
   e) befriedigen
   f) rächen

10. a) gehen
    b) lachen
    c) schweigen
    d) nicken
    e) singen
    f) sprechen

16. a) erregen
    b) erheitern
    c) bewirken
    d) besänftigen
    e) stillen
    f) erschlagen

5. a) verfluchen
   b) spenden
   c) erteilen
   d) segnen
   e) billigen
   f) geben

11. a) rühmen
    b) jammern
    c) klagen
    d) loben
    e) freuen
    f) tadeln

17. a) heben
    b) tragen
    c) steigern
    d) tauchen
    e) sinken
    f) senken

6. a) passen
   b) stehen
   c) sitzen
   d) liegen
   e) sich befinden
   f) zeigen

12. a) wissen
    b) vermuten
    c) meinen
    d) erkennen
    e) glauben
    f) annehmen

18. a) lösen
    b) lockern
    c) festigen
    d) spannen
    e) stärken
    f) mäßigen

Lösung: 1 a / c, _____

_____ .

Für jedes richtig erkannte Gegensatzpaar gibt es 2 Punkte!   **Punkte:** _____

Mit der Bezeichnung „gemeinsamer Nenner" ist ein Wort gemeint, das zu den jeweils 4 vorgegebenen Wörtern gleich gut paßt. Der gesuchte Ausdruck befindet sich rechts im Wortkasten. Schreibe die zusammengesetzten Substantive auf!

1. Korn Tuch Beutel Wolke | Seide Himmel ~~Staub~~ Getreide | Staubkorn Staubtuch Staubbeutel Staubwolke

10. Freund Arzt Liebe Buch | Ober Haus Gebet Tier | ____

2. Laib Krume Messer Scheibe | Stahl Holz Küche Brot | ____

11. Stange Streuer Säure Hering | Salz See Zucker Schwefel | ____

3. Salat Kloß Topf Brühe | Mehl Fleisch Kopf Koch | ____

12. Glätte Treiben Ball Wehe | Geburt Eis Schnee Wasser | ____

4. Probe Rolle Führer Stück | Schrift Geld Bett Heer | ____

13. Band Träger Höhe Taube | Ton Hals Brief Eis | ____

5. Stoß Blitz Gelenk Lager | Feuer Knochen Stange Kugel | ____

14. Bremse Griff Tasche Kuß | Koffer Leder Garten Hand | ____

6. Salz Geschirr Platte Käse | Koch Deckel Pferde Grund | ____

15. Pest Götze Leitung Tank | Strom Öl Benzin Rinder | ____

7. Wasser Stück Satz Schule | Regen Mist Grund Salz | ____

16. Untergang Kugel Meer All | Sonne Mond Plastik Welt | ____

8. Lade Schiff Kraft Lehre | Dampf Schub Schneider Rampe | ____

17. Wart Musik Flur Herr | Haus Feld Sport Barock | ____

9. Ader Mine Fasan Zahn | Wild Erz Gold Blut | ____

18. Platte Mauer Welle Wort | Ziegel Holz Schall Guß | ____

Für jede richtige Wortgruppe gibt es 4 Punkte!   **Punkte:** ____

*Du siehst hier drei Spalten mit jeweils 26 Begriffen. Jedem Begriff der Spalte **A** sollst du einen sinnverwandten Begriff aus Spalte **B** und **C** zuordnen. Streiche jeweils diese „Kombinationen" durch, und notiere unten die Lösung!*

A	B	C
1. ~~fehlerlos~~	A) preiswert	a) einst
2. einsam	B) damals	b) elegant
3. fertig	C) inmitten	c) erschwinglich
4. demütig	D) allein	d) vorbei
5. früher	E) ~~tadellos~~	e) verlassen
6. billig	F) erledigt	f) ~~einwandfrei~~
7. wispern	G) trällern	g) darben
8. edel	H) spröde	h) grübeln
9. huschen	I) überlegen	i) ausrichten
10. zugeben	J) brausen	j) unterwürfig
11. fassen	K) tadeln	k) schleichen
12. strömen	L) brauchbar	l) meinen
13. dazwischen	M) tuscheln	m) murmeln
14. fast	N) vermuten	n) empfangen
15. singen	O) erhalten	o) reizend
16. spüren	P) steuern	p) nieseln
17. baden	Q) bekennen	q) empfinden
18. rissig	R) erlesen	r) schnappen
19. rügen	S) hungern	s) mittendrin
20. glauben	T) regnen	t) gestehen
21. lenken	U) fühlen	u) in etwa
22. fasten	V) packen	v) schmettern
23. bekommen	W) kriechen	w) duschen
24. denken	X) ergeben	x) schroff
25. hinreißend	Y) ungefähr	y) schelten
26. tauglich	Z) betörend	z) verwendbar

Lösung: <u>1 E f,</u>

Für jede richtige Kombination erhältst du 2 Punkte!   Punkte: _____

Die folgende Geschichte erzählt von einem Bauern, der zu einer besonderen List griff ...
Sortiere die „zerfallenen Sätze" šo, daß du jeweils einem Satz aus der Spalte I einen Teilsatz aus den Spalten
II und III sinnvoll zuordnest. Dann schreibe den Text in das Heft!

I	II	III
1. Es lebte einmal ein armer Bauer,	der sehr reich war, (A)	aber auch sehr geizig. (a)
2. Es ging ihm schlecht,	ihm das Landstück zu verkaufen, (B)	daß er überlistet worden war. (b)
3. Der Bauer hatte einen Schwager,	der arbeitete den ganzen Tag, (C)	der auf einem Acker vergraben sei. (c)
4. Von ihm Hilfe zu erwarten,	er habe einen Gold-klumpen gefunden, (D)	ohne Erfolg zu haben. (d)
5. In seine besten Kleider gehüllt,	was ihm in den Weg kam; (E)	das er dringend brauchte. (e)
6. Der Bauer er-zählte ihm,	erkannte er plötzlich, (F)	weil sich beide Männer haßten. (f)
7. Der Geizhals drängte den Bauern,	wäre nutzlos gewesen, (G)	denn er hatte das Landstück teuer bezahlt. (g)
8. Als er zwei Tage vergebens gesucht hatte,	weil ihm Geld fehlte, (H)	um das Gold an sich zu brin-gen. (h)
9. Vor Wut zerschlug er alles,	eilte der Bauer zu seinem Schwager, (I)	um ihn zu über-listen. (i)

Lösung: **1. C d,** _____

_____

_____ .

Für jede richtige Zuordnung gibt es 2 Punkte! Punkte: _____

A 71 Zerfallene Sätze 2

Die folgende Geschichte berichtet von einem Bankraub, der nicht gelang. Sortiere die „zerfallenen Sätze" so, daß du jeweils einem Satzanfang aus der Spalte I ein Satzstück aus den Spalten II und III sinnvoll zuordnest! Notiere unten die Lösung, dann lies die Geschichte vor!

I	II	III
1. Wegen versuchten Bankraubs nahmen	um 14 und 16 Uhr die Sparkasse betreten, (A)	nach der Alarmanlage. (a)
2. Er hatte bereits am Montag	dies für (B)	war aber vermutlich an der Ausführung seiner Tat gehindert worden. (b)
3. Dabei erkundigte	bei der Durchsuchung des Autos Werkzeug, eine Kinderpistole, ein Paar blaue Handschuhe (C)	Kriminalbeamte einen 30 Jahre alten Mann vorläufig fest. (c)
4. An diesem Tag hatte er jeweils	am Donnerstag, den 23. 3. 1995, (D)	und sie verständigte die Polizei. (d)
5. Der Angestellten war das Verhalten	hatte der Beschuldigte sein Auto in einer Seitenstraße (E)	die Überwachung der Filiale. (e)
6. Deswegen übernahmen	er sich (F)	den Einbruch vorgesehen. (f)
7. Bei seiner Festnahme	in der Sparkasse N. bei einer 33 Jahre alten Angestellten (G)	und den oberen Teil eines Strumpfes. (g)
8. Die Polizisten fanden	des Mannes verdächtig vorgekommen, (H)	unter falschem Namen ein Konto eröffnet. (h)
9. Offenbar war	Kriminalbeamte (I)	etwa 80 m von der Filiale entfernt, abgestellt. (i)

Lösung: **1. D c,** _____

_____

_____ .

*Aus den folgenden 3 Spalten (I–III) sollst du 26 „Redensarten" zusammensetzen: Der erste Teil einer Redensart steht jeweils in der Spalte **I**, der zweite Teil in der Spalte **II** oder **III**, hier stehen allerdings auch Redestücke, die nicht zum ersten Teil einer Redensart passen.*

I	II	III
1. ~~auf Knall~~	und Nebel (A)	und Riegel (a)
2. auf Biegen	und Versuchen (B)	und Klopfen (b)
3. unter Dach	und Schuppen (C)	und Gewissen (c)
4. an allen Ecken	und Würgen (D)	und Bögen (d)
5. auf Ehre	und Bewußtsein (E)	und Pack (e)
6. das Ende	und Not (F)	von der Strophe (f)
7. das ganze Drum	und Auf (G)	und Oben (g)
8. in Fleisch	wie Hose (H)	und Geist (h)
9. auf Gedeih	und Vertrauen (I)	und Brechen (i)
10. das ist Jacke	und Kanten (J)	wie Mantel (j)
11. mit Hängen	und Würden (K)	und Kraft (k)
12. ein Herz	und ein Kopf (L)	und ein Bein (1)
13. bei Nacht	und Tod (M)	und Tag (m)
14. mit Sack	und Plunder (N)	und Fach (n)
15. ohne Saft	und Fleisch (O)	und Mut (o)
16. in Reih'	und Nebel (P)	und Truppe (p)
17. bei Wind	vom Lied (Q)	und Verderb (q)
18. über Stock	~~und Fall~~ (R)	und Blut (r)
19. wie Schuppen	vom Kopf (S)	am Bein (s)
20. wie Topf	und Stein (T)	und Geschirr (t)
21. auf Leben	und Ende (U)	und Glied (u)
22. hinter Schloß	und Gefängnis (V)	und Haus (v)
23. mit Müh'	und eine Seele (W)	und Wetter (w)
24. auf Treu	und Deckel (X)	und Glauben (x)
25. ein Klotz	wie ein Bild (Y)	und Angst (y)
26. in Amt	von den Augen (Z)	und Dran (z)

Lösung: <u>1. R,</u> _____

_____

_____.

Für jede richtig zusammengesetzte Redewendung gibt es 2 Punkte! Punkte: _____

Der folgenden Geschichte vom „Gauner-Bauern" sind alle 32 „alten Redewendungen" entnommen und in willkürlicher Reihenfolge unten im Kasten notiert worden. Setze die Redewendungen wieder richtig in den Märchentext ein!

Der Gauner-Bauer

Vor vielen, vielen Jahren lebte einmal ein armer Bauer, der arbeitete von __**morgens bis abends**__, doch so sehr er sich abrackerte, er schaffte es nur gerade mit _____ zu überleben. Es ging ihm mehr _____, Geld fehlte an allen _____, niemand stand ihm mit _____ zur Seite. Der arme Bauer hatte einen reichen Schwager, der in _____ lebte. Die beiden Männer waren verschieden wie _____, sie haßten sich wie _____. Weit _____ war bekannt, daß der Schwager ein gieriger Geizhals war, der weder _____ fürchtete und bei _____ sehr unbeliebt war. Ihn um ehrliche Hilfe zu bitten, wäre ohne _____ gewesen, denn er hätte den armen Bauern mit _____ davongejagt. Deshalb entschloß sich der Bauer, bevor er mit _____ verloren war, mit dem Verwandten _____ zu spielen und den Geizhals durch eine List zu bewegen, ihm _____ zu öffnen. Von _____ in seine besten Kleider gehüllt, eilte er zu seinem Schwager, dem er erzählte, er habe auf seinem _____ einen riesigen Goldklumpen gefunden. Dies beteuerte er _____, doch der Klumpen sei zu schwer zum Tragen. Der raffgierige Schwager, der hinter dem Geld her war wie der Teufel hinter der _____, geriet vor Goldgier außer _____. Er drängte den Bauern, ihm sein Stück Land _____ zu verkaufen, und bot ihm eine hohe Geldsumme an. Er drängte den Bauern, bis ihm dieser den Kaufvertrag endlich _____ unterzeichnete. Der Geizhals zählte die ausgemachte Kaufsumme auf _____ genau auf den Tisch, ließ sein Pferd satteln und ritt ohne _____, bis er _____ bei seiner vermeintlichen Goldgrube angelangt war. Hastig grub er das kleine Feld des Bauern um, doch er fand kein Gold. Der Geizhals spuckte _____ vor Wut und schlug alles, was ihm in den Weg kam, _____. Er hätte vor lauter Wut den Bauern mit _____ fressen oder ihn zumindestens im Keller bei _____ schmachten sehen wollen, doch der gerissene Bauer wußte, daß es um _____ ging, blieb verschwunden und ließ sich mit dem vielen Geld irgendwo die Sonne auf _____ scheinen.

---

(1) Ach und Krach, (2) Tod und Teufel, (3) ~~morgens bis abends~~, (4) hoch und heilig, (5) fix und fertig, (6) Sinn und Zweck, (7) Haut und Haaren, (8) Feuer und Wasser, (9) Land und Leuten, (10) Rand und Band, (11) den Buckel, (12) Kopf bis Fuß, (13) Ecken und Enden, (14) Gift und Galle, (15) Schimpf und Schande, (16) Grund und Boden, (17) schwarz auf weiß, (18) Rat und Tat, (19) armen Seele, (20) Wasser und Brot, (21) schlecht als recht, (22) Katz und Maus, (23) Saus und Braus, (24) Rast und Ruh, (25) und breit, (26) Kopf und Kragen, (27) kurz und klein, (28) Katz und Hund, (29) Tür und Tor, (30) Hals über Kopf, (31) Heller und Pfennig, (32) Mann und Maus

Im folgenden Lückentext fehlen viele Wörter, die entweder „groß oder klein" geschrieben werden. Diese Wörter stehen in der richtigen Reihenfolge (1–62), aber in Großbuchstaben unten im Wortkasten. Setze die fehlenden Wörter in Normalschrift nacheinander in den Lückentext ein!

Krankfeiern

Eigentlich hat _____ auch viel _____. Man hatte Gerd _____ eingeliefert, und seitdem hatte er Zeit zum _____. Von allen Seiten erfuhr er nur das _____. Der Doktor war zwar immer in _____, aber sonst in _____. Die Schwester sorgte trotz allem _____ nicht nur für das _____, sondern brachte ihm häufig etwas zum _____ mit. Fürs _____ blieb ihr zwar keine Zeit, dafür kam aber Gerds Frau _____ und sorgte zugleich für _____ und _____. Erst _____ hatte sie ihm _____ mitgebracht, eine _____, auf die er sonst wegen der Kalorien _____ mußte. Nur von den Kollegen hätte sich Gerd mehr _____ gewünscht. Natürlich war Fred dagewesen, aber er war der _____ und blieb auch der _____. Er hatte das Formular von der _____ dabeigehabt. Aber was war mit den _____? Glaubten sie etwa, er mache auf ihre _____ Urlaub? Schließlich war es kein _____, wenn er im _____ an der Straßenbahn ins _____ geraten und _____ gestürzt war. Heute war _____, keiner von den _____ arbeitete _____. Gerds _____ wurde von einem _____ der Tür unterbrochen. Da waren die lange _____: Ferdinand, der Spaßvogel, Rudi, der _____, Emil mit seinem sicheren _____, die ewig _____ Petra und Schmidtchen, die ihm immer bei dem _____ des Kaffees half. War das ein _____! Alle _____ versuchten _____, auf der Bettkante _____ zu finden. „Der _____, sein Bein ist in _____." – „Du bist ein Wildfang, nicht nur das rechte Bein gebrochen, auch das _____ noch verstaucht!" – „Kopf oder Bein _____, es wird schon!" Mit solchen Sprüchen wurden die _____ auf dem Nachttisch abgeladen: _____ Cognac, _____ Schinken, _____ Marzipan, _____ Zigarillos und viel _____. Auf etwas _____ hatte Gerd die ganze Woche gehofft, aber jetzt waren ihm die _____ allzu _____. „Nichts _____ in der Firma?" fragte er vorsichtig. „Ich sehe zu, daß ich wieder zu _____ komme, es gibt sicher schrecklich viel zu _____. „Nur das _____", antwortete Ferdinand, „bleib du erst mal _____, damit du dich wieder ans _____ gewöhnst, das ist das _____ für dich!"...

---

1. KRANKSEIN, 2. ANGENEHMES, 3. MONTAG MORGEN, 4. NACHDENKEN, 5. NETTESTE, 6. EILE, 7. ORDNUNG, 8. TRUBEL, 9. ÜBLICHE, 10. SCHMÖKERN, 11. PLAUDERN, 12. TÄGLICH, 13. UNTERHALTUNG, 14. WOHLERGEHEN, 15. GESTERN NACHMITTAG, 16. SCHWARZWÄLDER KIRSCHTORTE, 17. NASCHEREI, 18. VERZICHTEN, 19. ANTEILNAHME, 20. ERSTE, 21. EINZIGE, 22. SAARLÄNDISCHEN VERSICHERUNGSGRUPPE, 23. ANDEREN, 24. KOSTEN, 25. PERSÖNLICHES VERSAGEN, 26. GEDRÄNGE, 27. STOLPERN, 28. BÖSE, 29. SONNABEND, 30. TREULOSEN, 31. SONNABENDS, 32. GRÜBELN, 33. KRACHENDEN ÖFFNEN, 34. VERMISSTEN, 35. TÜCHTIGE, 36. AUFTRETEN, 37. FREUNDLICHE, 38. AUFBRÜHEN, 39. HALLO, 40. FÜNF, 41. GLEICHZEITIG, 42. PLATZ, 43. ÄRMSTE, 44. GIPS, 45. LINKE, 46. HOCH, 47. MITBRINGSEL, 48. FRANZÖSISCHER, 49. AMMERLÄNDER, 50. LÜBECKER, 51. BRASILIANISCHE, 52. SELBSTGEBACKENES, 53. ÄHNLICHES, 54: EINDRINGLINGE, 55. MUNTER, 56. NEUES, 57. KRÄFTEN, 58. TUN, 59. ALLTÄGLICHE, 60. LIEGEN, 61. LAUFEN, 62. BESTE

Für jeden Fehler ziehe dir jeweils 2 Punkte von der Höchstzahl (62 P.) ab! Punkte: _____

In dem folgenden Märchen-Text sind alle Vokale durch Symbole ersetzt worden:

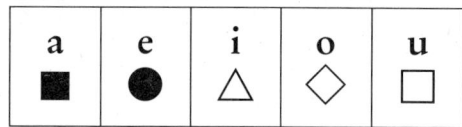

a	e	i	o	u
■	●	△	◇	□

Präge dir diese Tabelle ein und versuche, den Text erst zu lesen, dann übertrage ihn in der üblichen Schreibweise ins Heft!

●△n ■fr△k■n△sch●s Märch●n
●△n● gr◇ß● Tr◇ck●nh●△t w■r üb●r d■s L■nd
g●k◇mm●n, d■s △n ■fr△k■ l■g. Z◇●rst w■r d■s
Gr■s br■□n □nd gr■□ g●w◇rd●n. D■nn st■rb●n
Büsch● □nd Bä□m●. D●r B◇d●n z●△gt● t△●f●
R△ss●; ●r w■r h■rt w△● St●△n. K●△n R●g●n f△●l.
D●r M◇rg●n ●rw■cht● ◇hn● d△● Erfr△sch□ng d●s
T■□s. D△● W◇lk●n z◇g●n v◇rb●△.
D△● T△●r● w■r●n △n gr◇ß●r ■nz■hl v●rd□rst●t.
N□r w●n△g● b●s■ß●n d△● Kr■ft, ■s d△●s●r
□nb■rmh●rz△g●n Wüst● z□ fl△●h●n. – D△●
Tr◇ck●nh●△t d■□●rt● ■n. S●lbst d△● stärkst●n
□nd ■lt●st●n Bä□m●, d●r●n W□rz●ln b■s t△●f △n
d△● ●rd● r●△cht●n, v●rl◇r●n △hr● Blätt●r. ■ll●
Br□nn●n □nd Flüss●, ■ll● Q□●ll●n □nd Büch●
w■r●n v●rtr◇ckn●t. N□r ●△n● ●△nz△g● Bl□m● w■r
■m L●b●n g●bl△●b●n, d●nn ●△n● g■nz kl●△n●
Q□●ll● g■b n◇ch ●△n p■■r Tr◇pf●n W■ss●r. D◇ch
d△● Q□●ll● w■r ■m V●rzw●△f●ln: „■ll●s
v●rtr◇ckn●t □nd v●rd□rst●t □nd st△rbt. △ch k■nn
d◇ch d■r■n n△chts m●hr ■nd●rn. W◇z□ s◇ll ●s
n◇ch s△nnv◇ll s●△n, d■ß △ch d△● p■■r Tr◇pf●n
■□s d●r ●rd● h◇l● □nd ■□f d●n B◇d●n f■ll●n
l■ss●?" s■gt● d△● Q□●ll●.
●△n kr■ft△g●r B■□m st■nd △n d●r Näh●; ●r
h■tt● b△sh●r üb●rl●bt. – ■ls ●r d△● Kl■g● d●r
Q□●ll● hört●, s■gt● ●r z□ △hr, b●v◇r ■□ch ●r
st■rb: „N△●m■nd ●rw■rt●t v◇n d△r, d△● g■nz●
Wüst● z□m Grün●n z□ br△ng●n. D●△n● ■□fg■b●
△st ●s, ●△n●r ●△nz△g●n Bl□m● n□r L●b●n z□
g●b●n. M●hr n△cht."

Druckfehler bereiten oft großes Kopfzerbrechen, weil sie den Sinn eines Wortes entstellen. Im folgenden siehst du eine richtige „Druckfehlerteufelei". Markiere die Fehler und übertrage den Text richtig ins Heft!

Am Hochofen

Wer sind zur Beseichtigung einer Eisenhätte im Industreigebiet gefahren. Ein van Rauchchswaden bedeckter Himmil, qulamende Schlotte, reisenhafte Hochföen, möchtige Schlakenhalten, hohe Perge von Eiesenerzne und ein ohrenbedäubendre Lärm sind unsere eindröcke. Ein Petriebsinkenieur führt ans über Gleisanlgaen, auf denen eigenartige, ieserne Kübelwagen zu ienem Hochofen fahrne. Es ist ein Ungetmü, aus feuerfstem Gestien errichtet und von eim Gewirr van Rohrne, Eisentrügern, Sthlaverstrebungen and Treppen umkeben. In solch ienen Hochofen werten täklich mehr als tausent Tonnen Rhoiesen erzeugt. tSändig zugefährte, erhittze uftl pringt den fir deise hohe Temperatur notwendigen Sauerstoff. Dazu kommen 1000 Tonenn Kkos udn mehr als die dppollte Menge Eißenärz. Arbeiter, in schütznede Asbestangüzen gegleidet, öffnen gerade mit langen STanken den Verschluß dse btstichlochse. Eine wei Höllengutl brotelnde Mssae schießt hervor. Brausend ergeißt sich der ülghened Iesentsrahl in die bereitggstellten Pfannenawgen. Wri müenss fortblickne, mu nicht geblendte uz werden. Abschleißend ziegt nus dre Ingenieur auf der gegenbüerleigendne Siete des oHchfoens die Stllee dse Schlakkenbastichs und asgt uns, dßa dsa Rhoeisen auch mi eikenen Werg zu Stahl ferarveitet wird.

A 1

b e m n <u>o p e r</u> h i j k <u>m a n n</u> t u v w x a y z t <u>a s t</u> g l u a q j ö l ä l i p i <u>h a u s</u> n p t y v
v c r p b i o a n m g <u>a n s</u> t a f p r h o i p b t d ü b s p m <u>l a s t</u> t v z i a c d f h j <u>r a t</u> s n
ü x y <u>o f e n</u> n i h c t g i d e i ä <u>n o t</u> s u a f k x v w z u <u>m i s t</u> s h c u e l l <u>g a r n</u> n e i s t
g a c t z <u>h u t</u> g l t w r c p a b t a ä x t <u>o s t</u> n <u>o r t</u> e n a t l <u>g a s</u> s j o r t t p n a g ö d t r q
z h t g b f <u>f a l l</u> u h c t <u>m u t</u> ü e r b d u c i c h w r i g <u>g e l d</u> p l l e u ä b d a a b c <u>l i s t</u>
p i t s n m <u>a r z t</u> a d c d a o h z p k m u e i g z p v w a h i <u>b a l l</u> x o e l m <u>t a l</u> r u t p x l i
e l h n ä s ü p e v s u w v i l c b c ä l i n u <u>s t a b</u> p a l n i e s e <u>n u t</u> g j k <u>t o n</u> v z r s p
t o f u e n <u>s p a n</u> w t r f q l s a b x x y p ü q u l w c d n m ä t z a b v e i t c b z ä <u>k n a l l</u>
s a l ü n u e t b p n c m l o p r s t n v x z w <u>l e i b</u> g e h n e n i e n p l f u z t r s c ä l l u l l s
g h <u>p i l z</u> a k c z b p h h t r s p d l a b c g h i ä j t p f g e h <u>r o s e</u> q ö p l p m c z x y i v
p e f g h c t r z <u>z a n k</u> a h c t b l a p v d d s ü r t o k t r <u>t a g</u> w a m e i f r u v w a b c d f s
a f g h <u>p a a r</u> s a b r l o f t v x w n <u>d a n k</u> p l f i h t a z w ä i j z <u>t a l</u> p u a s k e t <u>r e h</u> t s
p f g h j z p i j l m w z n ö ä ü z t o v w <u>w e i n</u> g h t v a c l t u w x d j k k <u>h a l s</u> a i e i p s t
a u e s r g p t w w q ü z ö j l n u v x y <u>w a n d</u> b c h u n g n m a o t z c f h r o s f <u>s t a b s</u>
a n l ü b l c w o o d <u>w u t</u> n r l a b s j d t h i f l e a x p b d t p f ä l c <u>w i n d</u> n d n a h k l k
x z ä a i d j e h g p a f f r <u>z e i t</u> g c v p t z i e p g e h ä p f l e <u>z i e l</u> d t s d i e d r e f d s z
a d s r a h c t <u>t o d</u> n u r g <u>g o t t</u> n i e n e i n i c h t o o g e h t e s q u v t l m m s o l e r a v
<u>m a s t</u> d a s o s b a z ü b v i e f <u>r e h</u> d e h n e u v w l <u>p o l l</u> m a u ä z t s h c n o n v i e l
l u i e ä s c h u p t s v x q m a <u>d i e b</u> p i p s i e b f v o l e g h x ä u n <u>e i</u> r e i t z v w g h e
i k s j w r u m ö p ö s ö <u>l e i d</u> e n r p s g a s t j f p a a b c x t p f g f h i i a b e w x <u>g a s</u> b
r s g p v w c h a t o z g h p t s s c x y l m n a o y x z <u>n o t e</u> f g z ä p t r t z ü d e f t h k l m n
v i e l l i e v ä ü s b c d <u>r i n g</u> h c t v x z n m j ä <u>b r o t</u> t s g j ö p d t p ä s l a f k <u>h a u s</u>
v e i p d d f i a b c t u d g h a o e i p v x q <u>o b e r</u> n a t z t e i t p v w e e i l g h t <u>t a t</u> r v z
m ä j t j a b v g j ä ü m z a n k l p a u b s a l b <u>s t a u b</u> t ö i e v g h h d g v j b b e n d e o s

A 2

1. Guter Rat ist teuer.
2. Aller Anfang ist schwer.
3. Blinder Eifer schadet nur.
4. Wer zuerst kommt, mahlt zuerst.
5. Steter Tropfen höhlt den Stein.
6. Jeder ist seines Glückes Schmied.
7. Jeder ist sich selbst der Nächste.
8. Ein voller Bauch studiert nicht gern.
9. Was lange währt, wird endlich gut.
10. Wie man sich bettet, so liegt man.
11. Ein gutes Gewissen ist ein sanftes Ruhekissen.
12. Ein schlechtes Ei verdirbt den besten Kuchen.
13. Wer andern eine Grube gräbt, fällt selbst hinein.
14. Was ich nicht weiß, macht mich nicht heiß.
15. Man soll den Tag nicht vor dem Abend loben.
16. Eine Krähe hackt der anderen nicht die Augen aus.

A 3

1. Kuh, 2. Reh, 3. Wal, 4. Rad, 5. Zug, 6. Not,
7. Eis, 8. Uhr, 9. Tal, 10. Pol, 11. Ohr, 12. Gas,
13. Luft, 14. Kopf, 15. Zahn, 16. Ring, 17. Ofen,
18. Garn, 19. Dach, 20. Tier, 21. Reis, 22. Kies,
23. Buch, 24. Opel, 25. Raub

A 4

1. Rathaus, 2. Kirchen, 3. Schulen, 4. Sportplätze,
5. Schwimmbad, 6. Theater, 7. Polizei, 8. Feuerwehr,
9. Krankenhaus, 10. Kindergärten, 11. Spielplätze,
12. Grünanlagen, 13.Verkehrswege, 14.Postamt,
15. Müllabfuhr, 16. Stadtbibliothek, 17. Toiletten,
18. Gefängnis, 19. Beratungsstellen, 20. Seniorenheim,
21. Turnhallen, 22. Marktplatz, 23. Brunnenanlagen

A 7

1. 9 „p" (1 / 9),   2 / 7,   3 / 8,   4 / 9,   5 / 9,   6 / 7,
7 / 8,   8 / 6,   9 / 8,   10 / 9,   11 / 6,   12 / 7,   13 / 9,
14 / 8,   15 / 8,   16 / 9,   17 / 6,   18 / 7,   19 / 9,   20 / 8,
21 / 9,   22 / 7,   23 / 6,   24 / 9,   25 / 6   (Anm. 3)

A 8

Durchgestrichen werden müssen:

Reihe A: 2, 3, 4, 6, 7, 8, 10, 11, 13, 17, 20, 21, 23, 24, 25, 27, 29

Reihe B: 2, 5, 8, 12, 13, 16, 18, 19, 20, 21, 24, 25, 26, 28, 30

Reihe C: 1, 2, 5, 7, 11, 12, 15, 21, 22, 27, 28, 29

Reihe D: 1, 2, 5, 9, 10, 11, 13, 14, 20, 21, 24, 25, 26, 27, 29

Reihe E: 1, 2, 5, 6, 7, 8, 9, 10, 12, 14, 15, 16, 18, 19, 20, 21, 23, 24, 25, 26, 27, 29, 30

Reihe F: 3, 4, 6, 9, 10, 12, 18, 19, 21, 25, 26, 30

Reihe G: 1, 5, 8, 10, 11, 12, 15, 18, 28, 30

Reihe H: 2, 4, 5, 6, 8, 12, 13, 16, 18, 19, 20, 22, 23, 25, 28, 29, 30

Reihe I: 2, 6, 10, 13, 14, 15, 19, 23, 24, 26, 27, 29, 30

Reihe J: 1, 3, 5, 6, 7, 9, 12, 13, 18, 19, 20, 24, 25, 26, 30

Reihe K: 1, 3, 5, 7, 8, 13, 16, 17, 20, 22, 23, 24, 25, 28, 30

Reihe L: 3, 4, 6, 8, 11, 12, 13, 14, 15, 17, 22, 23, 24, 26, 27, 30   (Anm. 4)

A 9

1. a) Ruhe, b) Pelz, c) Turm, d) Hausflur, e) Bett,
f) Auto, g) Reis, h) Rotstift, i) Last, j) Ader,
k) Boot, l) Klausur

2. a) 20, 18, 1, 21, 13; b) 16, 18, 5, 9, 19; c) 12, 5, 8, 18, 5;
d) 7, 1, 18, 20, 5, 14, 26, 1, 21, 14; e) 13, 1, 18, 11, 20;
f) 8, 5, 13, 4; g) 18, 15, 19, 5; h) 12, 9, 16, 16, 5, 14,

19, 20, 9, 6, 20;   i) 13, 21, 20, 20, 5, 18;   j) 19, 3, 8, 21, 12, 5;   k) 2, 18, 15, 20;   l) 13, 21, 19, 20, 5, 18, 11, 14, 1, 2, 5

3. a) Wasser,   b) Nachricht,   c) Werbung,   d) Fahrrad,
e) Raubtier,   f) Tiergarten,   g) Sportart,
h) Rechnung,   i) Gewicht

A 10

A: 1. Tat,   2. Eis,   3. Reh,   4. Rat,   5. Weg,   6. Ast,
7. Ton,   8. Bad,   9. Heu,   10. Bob,   11. Bus,
12. See,   13. Not,   14. Tor,   15. Mut

B: 1. Rand,   2. Bahn,   3. Welt,   4. Zelt,   5. Zahn,
6. Kopf,   7. Saal,   8. Salz,   9. Jahr,   10. Bein,
11. Mund,   12. Ring,   13. Ball,   14. Haus,   15. Brot

C: 1. Blumen,   2. Reifen,   3. Wurzel,   4. Lappen,
5. Schopf,   6. Garten,   7. Heimat,   8. Dattel,
9. Putzer,   10. Beutel,   11. Staude,   12. Mutter,
13. Schuld,   14. Montag,   15. Fichte

A 13

1. b, c;   2. a, c;   3. d, e;   4. a, b, c, d, e;   5. a;
6. a, b, e;   7. a, e;   8. a, b, c   (Anm. 5)

A 14

I. 1 / 3 / 2,   II. 2 / 1 / 3,   III. 2 / 1 / 3,
IV. 5 / 1 / 3 / 2 / 4,   V. 4 / 3 / 5 / 1 / 2,
VI. 3 / 1 / 4 / 2 / 5   (Anm. 6)

A 15

A: 1. A B C Q B,   2. M F O J S,   3. K E J S P,
4. N R P M R,   5. H K T S Q

B: 1. P T C, E K P, P T H,   2. H A R, N M Q, L A R,
3. J F N, H Q O, N M Q,   4. R K P, B R K, Q F K,
5. M Q O, P T C, B R N

Weitere Lösungen möglich.   (Anm. 7)

A 16

1. ⃝ Streichholz-
schachtel

2. ☐ Hundeschlitten-
fracht

3. ⬭ Hausflur-
treppenlicht

4. ▭ Nachrichtensa-
tellitenantenne

5. ⏢ Schallplatten-
geschäft

6. △ Donaudampf-
schiffahrt

7. ⬠ Schornstein-
fegermeister

8. ⬡ Pflanzenschutz-
mittel

9. ◇ Scherzartikel-
verkauf

10. ▽ Kreissparkasse

A 17

1. / 18,   2. / 11,   3. / 5,   4. / 11,   5. / 7,   6. / 8,   7. / 8

A 18

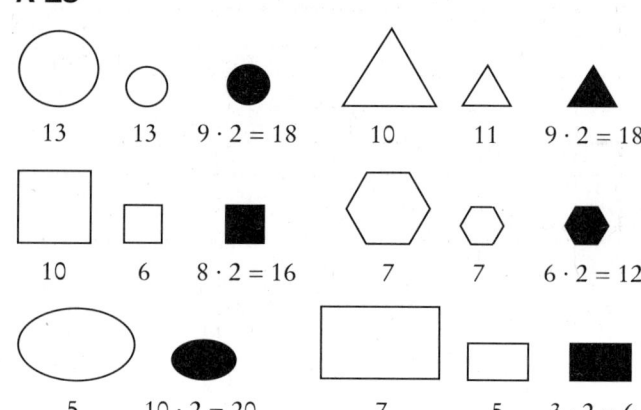

13   13   9 · 2 = 18   10   11   9 · 2 = 18

10   6   8 · 2 = 16   7   7   6 · 2 = 12

5   10 · 2 = 20   7   5   3 · 2 = 6

A 19

A: 31 Kreise;
B: 26 Quadrate;
C: 22 Kreise, 15 Dreiecke, 9 Rechtecke, 24 Quadrate

A 20

1. 27 / 18 Würfel,   2. 27,   3. 27 / 18,   4. 26,   5. 27,
6. 23 / 1,   7. 21,   8. 24,   9. 27 / 15,   10. 25 / 39,
11. 27 / 18,   12. 27,   13. 26,   14. 26 / 4,   15. 26 / 10
                    (Anm. 8)

A 21

Die Wortschlange besteht aus 96 Wörtern.

A 22

Es sind 95 Städtenamen.   (Anm. 9)

A 23

1.
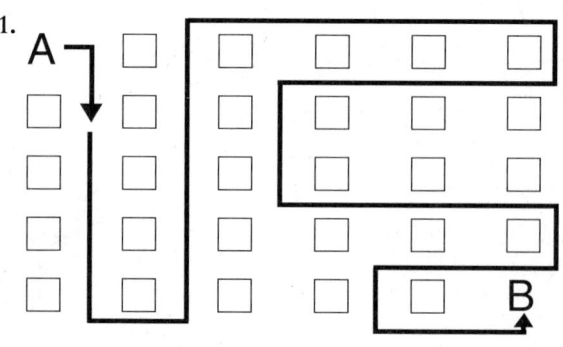

2.
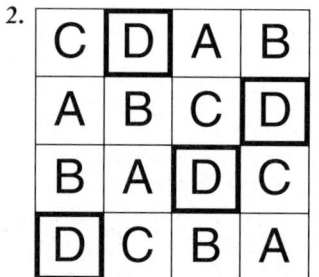

C	D	A	B
A	B	C	D
B	A	D	C
D	C	B	A

3.

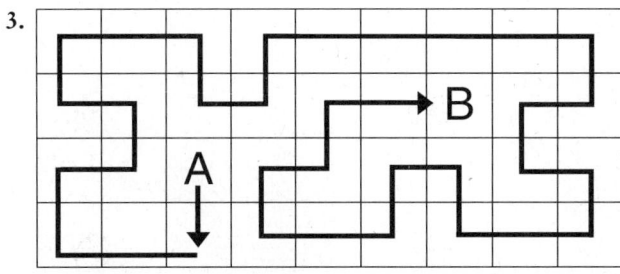

4.

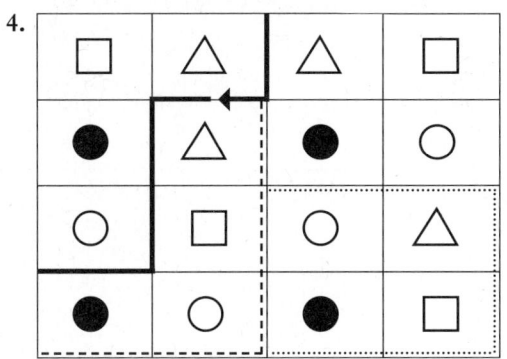

A 24

1. a)   b)

  1 D   1 G
  2 A   2 D
  3 G   3 F
  4 I   4 A
  5 C   5 J
  6 F   6 E
  7 B   7 C
  8 J   8 I
  9 H   9 B
 10 E   10 H

2.

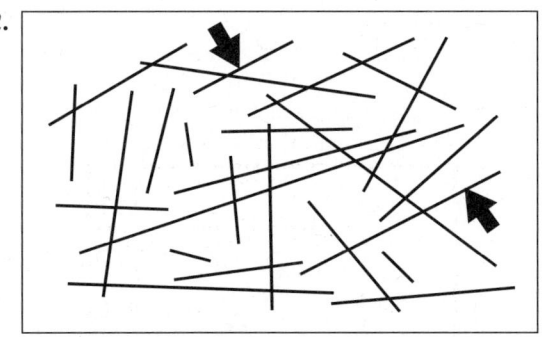

3. 1. Reihe: Nr. 3 und Nr. 4
   2. Reihe: A und C

5. Kreis: b + c + d
   Quadrat: e + g + h   (Anm. 10)

A 25

1. 5 Quadrate,   2. 11 Quadrate,   3. 14 Quadrate,
4. 8 Rechtecke,   5. 9 Rechtecke,   6. 20 Dreiecke,
7. 11 Quadrate,   11 Rechtecke,   24 Dreiecke,
8. 10 Quadrate,   8 Rechtecke,   16 Dreiecke,
9. 10 Quadrate,   8 Rechtecke,   48 Dreiecke

A 26

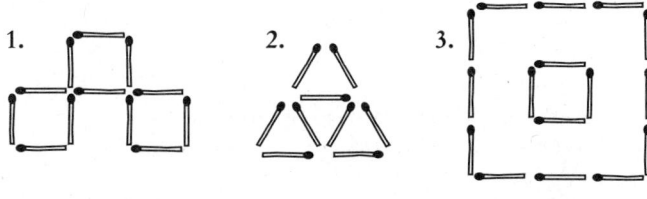

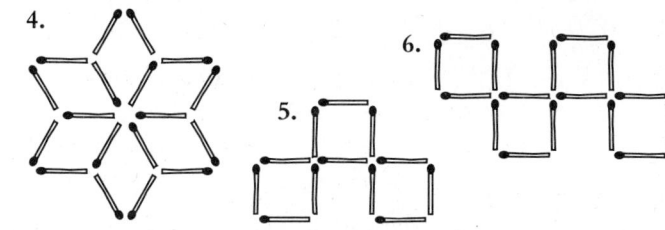

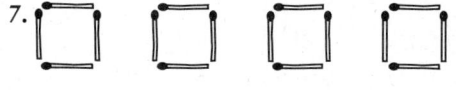

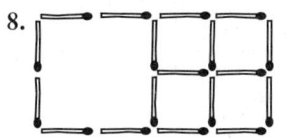

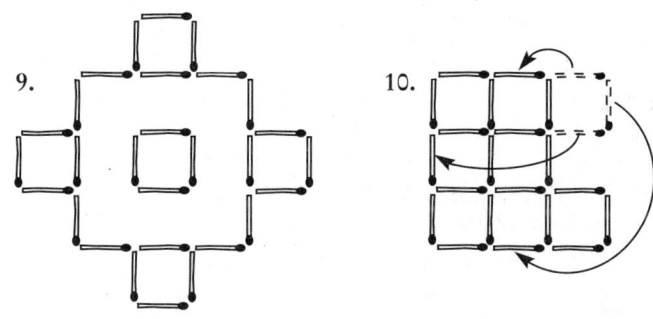

9.   10.

(Anm. 11)

A 27

Lösung s. nächste Seite.

(Anm. 12)

A 28

(Anm. 13)

A 29

5. Die Punktschrift hat vor 100 Jahren (Louis) Braille erfunden.

A 30

Tiefseetaucher haben in der Südsee unbekannte Lebewesen in einem unzugänglichen Korallenriff entdeckt. Sie nannten die seltsamen Meeresbewohner Schnaggel. Auffallend ist die Gestalt der Schnaggel. Die Erwachsenen sind vier cm groß. Die Kinder sind viel kleiner und die Babys ohne Lupe kaum zu erkennen. Der Körper der Schnaggel gleicht einer kleinen Kartoffel mit Beinen. Auffallend ist die violette Haut dieser Wesen.

(Anm. 14)

A 27

1.
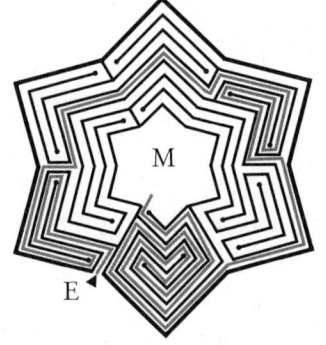

2.
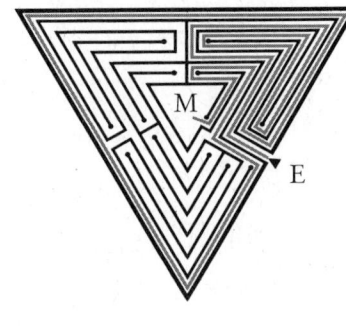

3.

4.
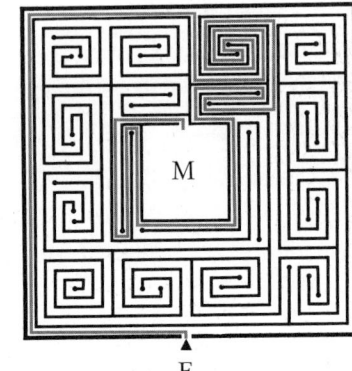

5.
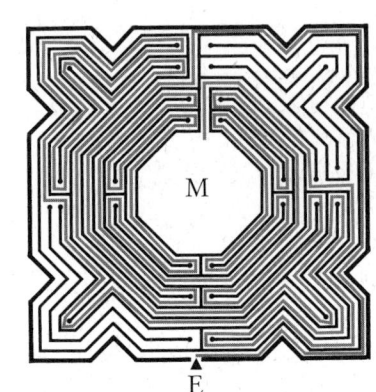

6.

A 31

1. Satelliten sind Raumflugkörper, die um die Erde kreisen. Ihre Bahnhöhe beträgt etwa 30 000 Kilometer. Sie sammeln Daten und fotografieren Teile der Erdoberfläche. Satelliten übermitteln Telefongespräche und Fernsehprogramme.

2. — • • / • / • — • // — — / — — — / • — • / • • • / • /
   • — / • — — • / • — • / • • • / • — / • — • / • — / — //
   • • / • • • / — // • / • / • • / — • / — — • / • /
   • — • / • • • / • — / — // — — • / • • / • — • / — • //
   • • — • / — • • / • / • • — / — • / • — • / • — /
   — — • / • • • / — — / — • / • — • // • • • / — — — / — • //
   • • / — • / • • • / • / — — — / • — • / — — / • — /
   — / • • / — — — / — • / • / • / — // • • • • • • //

A 32

1. G, 2. K, 3. g, 4. P, 5. U, 6. X, 7. P, 8. g,
9. K (Alphabet von hinten, je 2 Buchstaben ausgelassen),
10. U (Vokale),
11. P (Konsonanten, „e" klingt nach),
12. R (Konsonanten, „e"F, „e"L, „e"M, „e"N),
13. U (je 4 Buchstaben ausgelassen),
14. P, Q (je 2 Buchstaben genannt, dann 1 Buchstabe ausgelassen),
15. P Q R (je 3 Buchstaben genannt, stets 1 Buchstabe mehr ausgelassen),
16. R, R, Q (Alphabet von hinten, je 2 Buchstaben genannt, dann der 3. Buchstabe jeweils verdoppelt),
17. A B Y,

18. D E E (der jeweils nächste Buchstabe wird verdoppelt, verdreifacht usw.),
19. S T U (3 Buchstaben genannt, 3 Buchstaben ausgelassen),
20. C Q P (3 Buchstaben von hinten genannt, dann 1 Buchstabe von vorn, wieder 3 Buchstaben rückwärts, dann der 2. Buchstabe von vorn usw.),
21. U V W X (1 Buchstabe genannt, 1 Buchstabe ausgelassen, 2 Buchstaben genannt, 2 Buchstaben ausgelassen, 3 Buchstaben genannt, 3 Buchstaben ausgelassen usw.),
22. Y (1 Buchstabe genannt, 3 Buchstaben ausgelassen, nächster Buchstabe genannt, 3 Buchstaben ausgelassen usw.)

A 33

1. ⊞ 2. △ 3. ⊞ 4. ◳ 5. ◎ 6. ⚃
7. ◐ 8. ◺ 9. ⊕ 10. ⬚ 11. ⊗ 12. ◰
13. ○ 14. ○ 15. □ △ ○ 16. ⬠
17. ▭ 18. ◑ 19. □ 20. └ 21. ⌐ 22. ▫

A 34

1. b, d (geteilte Figur), 2. b, e (nur 3 F.),
3. a, c (schwarze F.), 4. b, d (gekrümmte F.),
5. d, e (je 2 Kreise), 6. a, e (Punkt in der F.),

7. b, c (2 F. berühren sich),   8. c, e (2 F. schneiden sich),
9. a, b (je 2 schwarze Flächen)

A 35

1. c, d (2 F. nicht diagonal verteilt),
2. d, e (F. nicht schwarz),
3. d, e (F. nicht schwarz),
4 . a, d (nur Kreis, d wiederholt c),
5. b, e (Kreise links neben Rechteck),
6. d, e (d, e wiederholen c),
7. c, e (c müßte 4, e 5 Striche enthalten),
8. d, e (d müßte 3, e 2 Figuren enthalten),
9. b, d (b, d müßten 3 schwarze Quadrate enthalten),
10. a, b (Kreis ist kleiner als Quadrat)

A 36

1. c,   2. b,   3. c,   4. b,   5. c,   6. a,   7. c,   8. d,   9. b,
10. c,   11. d,   12. c,   13. a

A 37

1. a,   2. b,   3. c,   4. e,   5. c,   6. a,   7. a,   8. d,
9. e,   10. c   (Anm. 15)

A 38

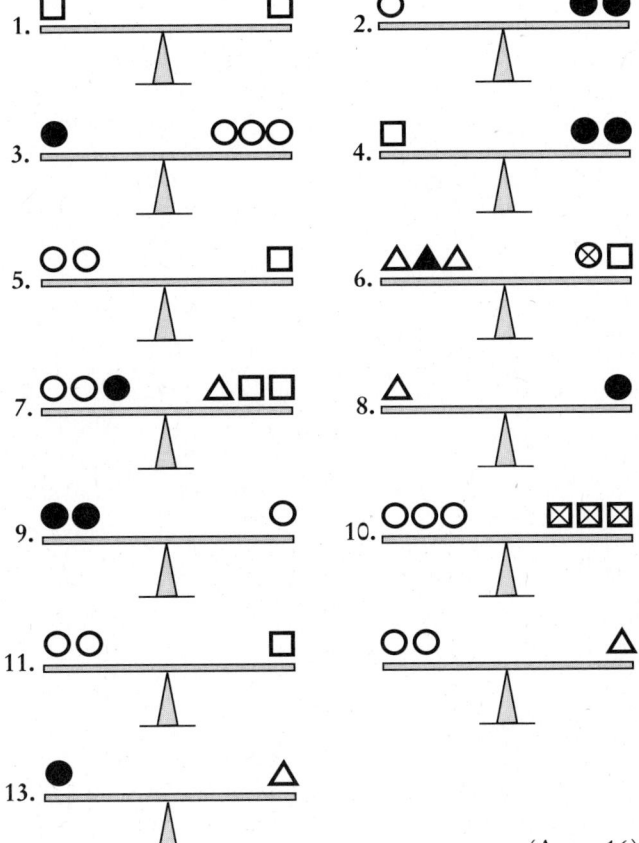

(Anm. 16)

A 39

1. Rad B: linksherum,   2. Rad D: rechtsherum,
3. Rad C: linksherum,   4. Rad D: rechtsherum,
5. Rad D: linksherum,   6. Rad A: rechtsherum,
7. Rad F: rechtsherum,   8. Rad A: rechtsherum,
9. Rad G: rechtsherum

(Anm. 17)

A 40

l. Schraubenschlüssel B,   2. kein Unterschied,
3. Körper B,   4. mit Wagen 2,   5. mit Zange 1,   6. Faß 1,
7. in Richtung 1,   8. Schiff 2,   9. auf Scheibe A,
10. in Richtung A,   11. in Richtung B,
12. in beiden Richtungen – hin und her

(Anm. 18)

A 41

1. Verwandte,   2. Gruppen,   3. Feiertage,   4. Gewässer,
5. Schmetterlinge,   6. Währungen,   7. Südfrüchte,
8. Getreidearten,   9. Energiestoffe,   10. Meßgeräte,
11. Elemente,   12. Raummaße,   13. Werkzeuge,
14. Baustoffe,   15. Verschlüsse,   16. Seefische,
17. Blasinstrumente,   18. Bekleidungsstoffe,
19. Gewürze,   20. Fremdsprachen,   21. Gotteshäuser,
22. Schmuck,   23. Verkehrsmittel,   24. Kopfbedeckungen,
25. Heilpflanzen,   26. Genußmittel,   27. Tageszeiten,
28. Raubtiere,   29. Metalle,   30. Insekten

A 42

1. Familienangehörige,   2. weibl. Vornamen,
3. Leistungssportler,   4. Sporenpflanzen,
5. Gewürzpflanzen,   6. Blütenpflanzen,   7. Pilze,
8. Papageien,   9. Dickhäuter,   10. Seefische,
11. Kernobst,   12. Hülsenfrüchte,   13. ölhaltige Früchte,
14. Mineralstoffe,   15. Kunststoffe,   16. Gartengeräte,
17. Turngeräte,   18. Zupfinstrumente,
19. Tasteninstrumente,   20. Blasinstrumente,
21. Backwaren,   22. Wege,   23. Nadelbäume,
24. Barrieren,   25. Wild,   26. Gewässer,
27. Bodenerhebungen,   28. Druckerzeugnisse,
29. Textilien,   30. Lebewesen

A 43

A: 1. Lebensmittel,   2. Bauwerke,   3. Verkehrsmittel,
   4. Lebewesen,   5. Werkzeuge,   6. Schutzvorrichtungen,
   7. Körperorgane,   8. Familienangehörige,
   9. weibl. Vornamen,   10. europäische Hauptstädte,
   11. Getränke,   12. Zierpflanzen,   13. Landfahrzeuge,
   14. Saiteninstrumente,   15. Getreidearten,
   16. optische Geräte,   17. Behälter,
   18. Transportmittel,   19. Berufe,   20. Warnsignale,
   21. Niederschläge,   22. Druckerzeugnisse

B: 1. Möbelstücke,   2. Kleidungsstücke,   3. Behälter,
   4. Rohstoffe,   5. Anfänge,   6. Aggregatzustände des
   Wassers,   7. Himmelskörper,   8. Grundnahrungsmittel,

9. männl. Vornamen,   10. deutsche Flüsse,
11. Schuhsorten,   12. inländische Früchte,
13. Wasserfahrzeuge,   14. Verbrauchsartikel,
15. Legierungen,   16. Edelmetalle,   17. Lebewesen,
18. Maße,   19. Wasserverteiler,   20. Flüssigkeiten,
21. Bodenerhebungen,   22. Schmuck

A 44

Buch – Bücherbrett – <u>Bücherregal</u> – Schreibtisch – Stuhl –
<u>Möbel</u> – Schrank – Dusche – Wanne – <u>Bad</u> – Bidet –
Keller – Dach – <u>Haus</u> – Treppe – Wohnung –
<u>Häuserblock</u> – Tiefgarage – Eingänge – <u>Telefon</u> –
Hörkapsel – Wählscheibe – <u>Taschenlampe</u> – Batterie –
Glühbirne – <u>Thermometer</u> – Steigrohr – Skala – Wind-
rose – <u>Kompaß</u> – Magnetnadel – Gehäuse – Heck –
<u>Schiff</u> – Bug – <u>Rad</u> – Speiche – Nabe – Felge – Schutz-
blech – <u>Fahrrad</u> – Pedal – Rücklicht – Antenne –
Programm – <u>Fernseher</u> – <u>Uhr</u> – Zifferblatt – Zeiger –
Musik – <u>Radio</u> – Kopfhörer – <u>Baum</u> – Wurzel – Ast –
Stamm – <u>Zoo</u> – Pfleger – Tiere – Regen – Wolken –
<u>Wetter</u> – Minister – <u>Staat</u> – Kanzler – Regierung – Gipfel –
<u>Gebirge</u> – Kamm – Schlucht – Anzeige – <u>Werbung</u> –
Prospekt – Plakat – Reifen – <u>Auto</u> – Stopplicht – Sessel –
<u>Wohnung</u> – Möbel – <u>Blüte</u> – Narbe – Griffel –
Fruchtknoten – Knie – <u>Bein</u> – Wade – Oberlid – Pupille –
<u>Auge</u> – Pfarrer – Chor – <u>Kirche</u> – Elektron – <u>Atom</u> –
Proton – Kühlwasser – Brennstäbe – <u>Kernkraftwerk</u> –
Papier – <u>Heft</u> – Linien – <u>Nadel</u> – Spitze – Öhr – Feder –
Patrone – <u>Füller</u> – Stirn – Kinn – <u>Gesicht</u> – Stufe –
Treppe – <u>Turm</u> – Sauerstoff – Wasserstoff – <u>Wasser</u> –
<u>Kerze</u> – Docht – Stearin – Kolben – <u>Luftpumpe</u> –
Zylinder – Schaft – Absatz – <u>Schuh</u> – <u>Tisch</u> – Platte –
Kante – Gestell – <u>Topf</u> – Rand – Deckel – Sitz – Lehne –
Beine – <u>Stuhl</u> – Silbe – <u>Wort</u> – Buchstabe – Titel – Autor –
<u>Buch</u> – Umschrift – Legierung – <u>Münze</u> – Schenkel –
Griff – <u>Schere</u> – Scharnier – Rute – <u>Angel</u> – Schnur –
Griff – Stickstoff – Sauerstoff – <u>Luft</u> – Komma – Punkte –
<u>Zeichen</u> – Strich – Vater – Kind – <u>Familie</u> – <u>Werkzeug-
kiste</u> – Hammer – Zange – <u>Berg</u> – Gipfel – Abhang –
<u>Glühlampe</u> – Gewinde – Fußkontakt – Pluspol –
Minuspol – <u>Batterie</u> – Bedienungsblende – <u>Kühlschrank</u> –
Gefrierraum – Kühlraum – Wellenleiter – Glaskeramik –
<u>Mikrowelle</u> – Tubus – Beleuchtungsspiegel – <u>Mikroskop</u> –
Sehnerv – Netzhaut – <u>Auge</u> – Pupille – Rücklauf –
<u>Zentralheizung</u> – Vorlauf – Düse – <u>Turbine</u> – Laufrad –
Gehäuse – Löwenzahn – <u>Wiese</u> – Gras – <u>Waschmaschine</u> –
Trommel – Pumpe – Kochautomatik – Druckknopf –
Minenspitze – Hülse – <u>Kugelschreiber</u> – Schaft –
<u>Schraubenzieher</u> – Holzgriff – Spitze – Gewinde –
<u>Schraube</u> – Kopf – <u>Joghurtbecher</u> – Becherrand – Lasche –
Vakuumdeckel – Griff – Spirale – <u>Korkenzieher</u> –
Deckel – Schlösser – <u>Koffer</u> – Scharnier

Es sind 67 „Ganze".

A 45

1. d,   2. c,   3. c,   4. b,   5. c,   6. d,   7. e,   8. a,   9. b,
10. d,   11. d,   12. b,   13. c,   14. e,   15. c,   16. c,   17. e,
18. d,   19. a,   20. d,   21. b,   22. e,   23. d,   24. c,
25. a,   26. e,   27. c,   28. e,   29. c,   30. b

A 46

A: 1. d,   2. b,   3. d,   4. c,   5. b,   6. a,   7. c,   8. d,
   9. b,   10. d
B: 1. c,   2. a,   3. b,   4. a,   5. d,   6. b,   7. a,   8. c,
   9. a,   10. c
C: 1. a,   2. c,   3. d,   4. d,   5. d,   6. b,   7. a,   8. c,
   9. c,   10. a

A 47

1. d,   2. b,   3. b,   4. c,   5. a,   6. d,   7. c,   8. b,   9. b,
10. a,   11. d,   12. c,   13. d,   14. a,   15. b,   16. c,   17. a,
18. b,   19. d,   20. a,   21. b,   22. c,   23. c,   24. a,   25. a,
26. a,   27. b,   28. c,   29. c,   30. a

A 48

1. Smoking,   2. Kritik,   3. Balken,   4. Horde,   5. Gage,
6. Insasse,   7. Illustrierte,   8. Telegramm,   9. Unrast,
10. Märchen,   11. Flagge,   12. Qual,   13. Dämon,
14. Steuern,   15. Krater,   16. Bollwerk,   17. Villa,
18. Monarch,   19. Jüngling,   20. Scholle,   21. Radau,
22. Masse,   23. Saum,   24. Pfahl,   25. Tabelle,
26. Schmerz,   27. Stoß,   28. Seil,   29. Triumph,
30. Gebärde

A 50

1. Winter,   2. Werkzeug,   3. Lied,   4. Tier,   5. Musik,
6. Eis,   7. Fuß,   8. Rinde,   9. Blume,   10. Wüste,
11. Kälte,   12. Temperatur,   13. Haut,   14. Wohnung,
15. Bogen,   16. Korn,   17. Nest,   18. Tochter,
19. Bach,   20. Strom,   21. Holz,   22. Wasser,   23. Riegel,
24. Achse,   25. Messer,   26. Bett,   27. Noten

A 51

1. spielen,   2. schneiden,   3. trinken,   4. lachen,
5. tadeln,   6. fliegen,   7. schreiben,   8. Tal,   9. Pfeffer,
10. Gabel,   11. Eisenbahn,   12. Winter,   13. Wohnung,
14. Heute,   15. Schwimmhäute,   16. Hecke,   17. Maß,
18. Sprosse,   19. Schere,   20. Raupe,   21. Sau,
22. Gans,   23. Warschau,   24. Teekessel,   25. Haut,
26. Erfrischung,   27. Nadel

A 52

1. b,   2. c,   3. a,   4. b,   5. a,   6. a,   7. c,   8. a,   9. b,
10. b,   11. c,   12. b,   13. a,   14. c,   15. a,   16. b,   17. c,
18. a,   19. b,   20. b,   21. c

A 53

1. c,   2. b,   3. a,   4. d,   5. b,   6. c,   7. a,   8. c,   9. d,
10. a,   11. d,   12. b,   13. c,   14. a,   15. d,   16. c,   17. a,
18. d

A 54

1. I,   2. I,   3. V,   4. V,   5. I,   6. V,   7. V,   8. I,   9. V,
10. I,   11. V,   12. V,   13. I,   14. V,   15. V,   16. I,
17. V,   18. V,   19. I,   20. V,   21. I,   22. V,   23. V,
24. V,   25. I,   26. I,   27. V,   28. I,   29. V,   30. I

A 55

1. T,   2. M,   3. M,   4. T,   5. T,   6. M,   7. T,   8. M,
9. M,   10. T,   11. M,   12. T,   13. M,   14. M,   15. T,
16. M,   17. T,   18. T,   19. M,   20. T,   21. M,   22. T,
23. M,   24. M,   25. T,   26. M,   27. T,   28. M,   29. T,
30. T

A 56

1. R,   2. F,   3. F,   4. R,   5. F,   6. F,   7. R,   8. F,
9. F,   10. R,   11. R,   12. R,   13. R,   14. F,   15. F,
16. R,   17. F,   18. R,   19. F,   20. R,   21. R,   22. F,
23. F,   24. R,   25. F

A 57

1. eckig,   2. schwach,   3. frisch,   4. braun,   5. stark,
6. schwül,   7. violett,   8. unfreundlich,   9. hügelig,
10. trocken,   11. teuer,   12. winzig,   13. langsam,
14. schnell,   15. geduldig,   16. aufwendig,   17. ruhen,
18. schweigen,   19. bewachen,   20. quälen,
21. sprechen,   22. erfinden,   23. schlagen,   24. jammern,
25. radieren,   26. entdecken,   27. verheimlichen,
28. abholen,   29. trinken,   30. kratzen,   31. essen,
32. maulen,   33. Anfang,   34. Armut,   35. Mehrzahl,
36. Schornstein,   37. Lebensmittel,   38. Vorsprung,
39. Spielverlauf,   40. Abenteuer,   41. Reihenfolge,
42. Kleidung,   43. Flugplatz,   44. Spiegel,   45. Pulver,
46. Zuckerdose,   47. Fingernagel,   48. Stuhlbeine

A 58

1. Kartoffelbrei,   2. Gardinenstoff,   3. Aufsichtsperson,
4. Bucheinband,   5. Briefmarkenalbum,   6. Kofferradio,
7. Kirchturmglocke,   8. Wasserpistole,
9. Sonntagsspaziergang,   10. Rosenstrauch,
11. Wachsfigurenkabinett,   12. Heimatort,
13. Buntpapier,   14. Wasserrohrbruch,   15. Wintermonat,
16. Kastanienbaum,   17. Butterbrotpapier,
18. Lichthupensignal,   19. Schnittmusterbogen,
20. Schmuckdiebstahl,   21. Handpuppenspiel,
22. Brieftaubenpost,   23. Vogelfluglinie,
24. Osternachtgottesdienst,   25. Wasserschutzpolizei,
26. Schlossermeisterprüfung,   27. Kniebundhose,
28. Donaudampfschiffahrtsgesellschaft,
29. Hausflurtreppenlicht,   30. Hundeschlittenfahrt

A 60

A: 1. Tal,   2. Tor,   3. Eid,   4. Eis,   5. Reh,   6. Not,
7. Tod,   8. Hut,   9. Bus,   10. Tat,   11. Bob,
12. Huf,   13. Lot,   14. Tau,   15. Bau,   16. Ehe,
17. Nil,   18. Zug,   19. See,   20. Weg,   21. Ast,
22. Heu,   23. Ton,   24. Art,   25. Los

B: 1. Seil,   2. Beil,   3. Mahl,   4. Saal,   5. Herd,   6. Ball,
7. Fach,   8. Wand,   9. Kopf,   10. Herz,   11. Laus,
12. Nase,   13. Bild,   14. Wild,   15. Rebe,   16. Moos,
17. Salz,   18. Brot,   19. Hupe,   20. Esel,   21. Welt,
22. Keil,   23. Garn,   24. Dank,   25. Ende

A 61

Es sind 258 Kleinwörter.   (Anm. 19)

A 62

```
L S T B A M T K O K I R G I S I E N
I G A E N A V U N E P A L D P A B I
B U I N T L W B N O R W E G E N I G
E A W I I I T A L I E N J C H I L E
R T A N G C O S T A R I C A Z I A R
I E N L U H G M S I T N V Z P R B G
A M O N A C O V A X Y D A S T A C A
B A W I S L A N D N Z I M N R N N M
E L V E O A R U S V R E Z U Z D W B
L A K D P Q M T S E W N B T O A A I
S I K E R I S O C T D A G R H N G A
A R U R I P R L A I R L R S G J L A
L L W L A O S G H H V A H O C E O L
V A A A P L M A L A W I L F L M N G
A N I N O E M P L I C A G I F E M E
D D T D D N L K A T A R U S E N A R
O B P E R U K R A I N E A E U N L I
R U A N D A N A U R U U M T J D T E
R U S S L A N D K A S A C H S T A N
G A B U N M E X I K O S P A N I E N
```

A 63

A: 1. 6 / 11 / 25 / 34   5. 1 / 5 / 12 / 31
2. 2 / 10 / 28 / 35   6. 21 / 22 / 32 / 38
3. 3 / 13 / 29 / 36   7. 7 / 8 / 26 / 39
4. 4 / 14 / 30 / 37   8. 15 / 20 / 27 / 45

9. 9 / 19 / 44 / 48
10. 16 / 18 / 24 / 42
11. 23 / 41 / 43 / 47
12. 17 / 33 / 40 / 46

B: 1. 1 / 10 / 22 / 26   5. 3 / 8 / 25 / 48
2. 11 / 15 / 20 / 33   6. 35 / 36 / 38 / 44
3. 2 / 6 / 9 / 32   7. 4 / 19 / 31 / 46
4. 17 / 37 / 43 / 47   8. 5 / 21 / 27 / 39

9. 7 / 24 / 29 / 40
10. 14 / 23 / 28 / 41
11. 12 / 18 / 34 / 45
12. 13 / 16 / 30 / 42

A 64

A: 1. Fußball: 1 / 5 / 9 / 17 / 20
2. Kleidung: 4 / 6 / 12 / 14 / 24
3. Behälter: 3 / 10 / 13 / 19 / 23
4. Körperorgane: 7 / 11 / 15 / 22 / 25
5. Metalle: 2 / 8 / 16 / 18 / 21

B: 1. Länder: 1 / 6 / 11 / 18 / 22
2. Berge: 2 / 5 / 10 / 17 / 20
3. Märchenfiguren: 4 / 12 / 14 / 21 / 23
4. Getreidearten 3 / 8 / 16 / 19 / 24
5. Städte: 7 / 9 / 13 / 15 / 25

C: 1. Musikinstrumente: 4 / 10 / 15 / 21 / 23
2. Sportarten: 1 / 6 / 11 / 14 / 22
3. Fahrradteile: 5 / 9 / 13 / 17 / 24
4. Währungen: 2 / 8 / 12 / 18 / 20
5. Meßinstrumente: 3 / 7 / 16 / 19 / 25

A 65

1. b, d, 2. b, f, 3. a, e, 4. a, e, 5. d, f, 6. b, d, 7. c, f,
8. a, e, 9. c, d, 10. a, d, 11. e, f, 12. c, e, 13. b, d,
14. b, e, 15. a, e, 16. b, d, 17. c, e, 18. b, d, 19. a, b,
20. d, e, 21. a, d, 22. b, f, 23. a, d, 24. b, e, 25. a, f,
26. c, e, 27. b, d, 28. c, f, 29. a, d, 30. d, e

A 66

1. c, 2. d, 3. c, 4. c, 5. b, 6. a, 7. b, 8. c, 9. d,
10. c, 11. a, 12. b, 13. d, 14. c, 15. b, 16. b,
17. a, 18. b, 19. d, 20. c, 21. c, 22. b, 23. a,
24. d, 25. c, 26. a, 27. b, 28. c, 29. b, 30. d

A 67

1. a / c, 2. b / d, 3 a / c, 4. c / f, 5. a / d, 6. b / d,
7. c / f, 8. b / c, 9. b / d, 10. c / f, 11. d / f, 12. a / e,
13. b / e, 14. c / f, 15. a / e, 16. a / d, 17. a / f,
18. b / c

A 68

1. Staub, 2. Brot, 3. Fleisch, 4. Schrift, 5. Kugel,
6. Koch, 7. Grund, 8. Schub, 9. Gold, 10. Tier,
11. Salz, 12. Schnee, 13. Ton, 14. Hand, 15. Öl,
16. Welt, 17. Haus, 18. Schall

A 69

1. Ef, 2. De, 3. Fd, 4. Xj, 5. Ba, 6. Ac, 7. Mm,
8. Rb, 9. Wk, 10. Qt, 11. Vr, 12. Tp, 13. Cs,
14. Yu, 15. Gv, 16. Uq, 17. Jw, 18. Hx, 19. Ky,
20. Nl, 21. Pi, 22. Sg, 23. On, 24. Ih, 25. Zo,
26. Lz

A 70

1. Cd, 2. He, 3. Aa, 4. Gf, 5. Ii, 6. Dc, 7. Bh,
8. Fb, 9. Eg

A 71

1. Dc, 2. Gh, 3. Fa, 4. Ab, 5. Hd, 6. Ie, 7. Ei,
8. Cg, 9. Bf

A 72

1. R; 2. i; 3. n; 4. J; 5. c; 6. Q; 7. z; 8. r; 9. q;
10. H; 11. D; 12. W; 13. P; 14. e; 15. k; 16. u;
17. w; 18. T; 19. Z; 20. X; 21. M; 22. a; 23. F;
24. x; 25. s; 26. K

A 73

1. (3), 2. (1), 3. (21), 4. (13), 5. (18), 6. (23), 7. (8),
8. (28), 9. (25), 10. (2), 11. (9), 12. (6), 13. (15),
14. (32), 15. (22), 16. (29), 17. (12), 18. (16),
19. (4), 20. (19), 21. (10), 22. (30), 23. (17),
24. (31), 25. (24), 26. (5), 27. (14), 28. (27),
29. (7), 30. (20), 31. (26), 32. (11)

(Anm. 20)

A 74

1. Kranksein, 2. Angenehmes, 3. Montag morgen,
4. Nachdenken, 5. Netteste, 6. Eile, 7. Ordnung,
8. Trubel, 9. Übliche, 10. Schmökern, 11. Plaudern,
12. täglich, 13. Unterhaltung, 14. Wohlergehen,
15. gestern nachmittag, 16. Schwarzwälder Kirschtorte,
17. Nascherei, 18. verzichten, 19. Anteilnahme,
20. erste, 21. einzige, 22. Saarländischen Versicherungs-
gruppe, 23. anderen, 24. Kosten, 25. persönliches
Versagen, 26. Gedränge, 27. Stolpern, 28. böse,
29. Sonnabend, 30. Treulosen, 31. sonnabends,
32. Grübeln, 33. krachenden Öffnen, 34. Vermißten,
35. Tüchtige, 36. Auftreten, 37. freundliche,
38. Aufbrühen, 39. Hallo, 40. fünf, 41. gleichzeitig,
42. Platz, 43. Ärmste, 44. Gips, 45. linke, 46. hoch,
47. Mitbringsel, 48. französischer, 49. Ammerländer,
50. Lübecker, 51. brasilianische, 52. Selbstgebackenes,
53. Ähnliches, 54. Eindringlinge, 55. munter,
56. Neues, 57. Kräften, 58. tun, 59. Alltägliche,
60. liegen, 61. Laufen, 62. beste   (Anm. 21)

A 75

Ein afrikanisches Märchen

Eine große Trockenheit war über das Land gekommen, das in Afrika lag. Zuerst war das Gras braun und grau geworden. Dann starben Büsche und Bäume. Der Boden zeigte tiefe Risse; er war hart wie Stein. Kein Regen fiel. Der Morgen erwachte ohne die Erfrischung des Taus. Die Wolken zogen vorbei.

Die Tiere waren in großer Anzahl verdurstet. Nur wenige besaßen die Kraft, aus dieser unbarmherzigen Wüste zu fliehen. – Die Trockenheit dauerte an. Selbst die stärksten und ältesten Bäume, deren Wurzeln bis tief in die Erde reichten, verloren ihre Blätter. Alle Brunnen und Flüsse, alle Quellen und Bäche waren vertrocknet. Nur eine einzige Blume war am Leben geblieben, denn eine ganz kleine Quelle gab noch ein paar Tropfen Wasser. Doch die Quelle war am Verzweifeln: „Alles vertrocknet und verdurstet und stirbt. Ich kann doch daran nichts mehr ändern. Wozu soll es noch sinnvoll sein, daß ich die paar Tropfen aus der Erde hole und auf den Boden fallen lasse?" sagte die Quelle. Ein kräftiger Baum stand in der Nähe; er hatte bisher überlebt. - Als er die Klage der Quelle hörte, sagte er zu ihr, bevor auch er starb: „Niemand erwartet von dir, die ganze Wüste zum Grünen zu bringen. Deine Aufgabe ist es, einer einzigen Blume nur Leben zu geben. Mehr nicht." (Anm. 22)

A 76

Am Hochofen

Wir sind zur Besichtigung einer Eisenhütte ins Industriegebiet gefahren. Ein von Rauchschwaden bedeckter Himmel, qualmende Schlote, riesenhafte Hochöfen, mächtige Schlackenhalden, hohe Berge von Eisenerzen und ein ohrenbetäubender Lärm sind unsere Eindrücke. Ein Betriebsingenieur führt uns über Gleisanlagen, auf denen eigenartige, eiserne Kübelwagen zu einem Hochofen fahren. Es ist ein Ungetüm, aus feuerfestem Gestein errichtet und von einem Gewirr von Rohren, Eisenträgern, Stahlverstrebungen und Treppen umgeben. In solch einem Hochofen werden täglich mehr als tausend Tonnen Roheisen erzeugt. Ständig zugeführte, erhitzte Luft bringt den für diese hohe Temperatur notwendigen Sauerstoff. Dazu kommen 1000 Tonnen Koks und mehr als die doppelte Menge Eisenerz. Arbeiter, in schützende Asbestanzügen gekleidet, öffnen gerade mit langen Stangen den Verschluß des Abstichloches. Eine wie Höllenglut brodelnde Masse schießt hervor. Brausend ergießt sich der glühende Eisenstrahl in die bereitgestellten Pfannenwagen. Wir müssen fortblicken, um nicht geblendet zu werden. Abschließend zeigt uns der Ingenieur auf der gegenüberliegenden Seite des Hochofens die Stelle des Schlackenabstiches und sagt uns, daß das Roheisen auch im eigenen Werk zu Stahl verarbeitet wird. (Anm. 23)

Anmerkungen/Quellen

Anmerkungen

1. aus: H. Stephan, Vertretungsstunden in der Sekundarstufe I, 75 Arbeitsblätter mit spielerischen Sprachaufgaben, 1. Aufl., Stuttgart, Dresden 1995 (Klett-Verlag)

2. aus: H. Stephan, Vertretungsstunden in der Sekundarstufe I, 200 Konzentrations-, Sprach- und Sachaufgaben, 5. Aufl., Stuttgart, Dresden 1993, – Ders., Vertretungsstunden in der Grundschule, 4. Aufl., Stuttgart 1992 (Klett-Verlag)

3. aus: H. Hustedt, / R. Hilke, Einstellungstests, Niedernhausen / Ts. 1992 / 93, S. 76 (Falken-Verlag)

4. aus: G. Vollmer / G. Hoberg, Top-Training. Lernen – Behalten – Anwenden, Stuttgart 1994, S. 179 (Klett-Verlag)

5. aus: E. Ott, Optimales Denken. Trainingsprogramm, Reinbek b. Hamburg 1982, Nr. 11, 23, 48, 36, 62, 68 (Rowohlt Taschenbuch Verlag)

6. aus: G. Beyer, Rationelles Lesen leicht gemacht, Düsseldorf, Wien, New York 1988, S. 92 f (© by ECON Verlag)

7. aus: E. Ott, Optimales Denken. Trainingsprogramm, Reinbek b. Hamburg 1982, Nr. 8, 49 (Rowohlt Taschenbuch Verlag)

8. aus: H. Stephan, Vertretungsstunden in der Grundschule, Stuttgart 1992, S.48 (Klett-Verlag)

9. aus: U. Lauster, Konzentrationsspiele 3. Für das 5. und 6. Schuljahr, Reutlingen 1978, S. 43; Graphik übernommen (Ensslin & Laiblin Verlag)

10. aus: J. Lehmann, 2 mal 3 plus Spaß dabei, Köln 1985, S. 111, 131; Abb. Nr. 2, 3, 5 übernommen (Aulis Verlag/Deubner) – M. Meirovitz / P. I. Jacobs, Fitneßtraining für Denker, Köln 1989, S. 215, 222; Abb. Nr. 1, 4, übernommen (Du Mont Buchverlag)

11. aus: H. Stephan, Vertretungsstunden in der Grundschule, Stuttgart 1992 (Klett-Verlag). – D. Dambach (Hrsg.), Witz, Quiz & Co, Ravensburg 1987, S. 107, 57, 42, 172 (Otto Maier Verlag)

12. aus: P van Delft / J. Botermans, Denkspiele der Welt, München 1980, S. 135 (Hugendubl Verlag)

13. aus: H. Stephan, Vertretungsstunden in der Grundschule, Stuttgart 1992 S. 44 (Klett-Verlag)

14. aus: Sprachschlüssel, Sprachbuch, Grundausgabe, 6. Schuljahr, Stuttgart 1985, S. 116; Text geändert und stark gekürzt (Klett-Verlag)

15. aus: Ch. Titze, Keine Angst vor Einstellungstests. Niedernhausen / Ts. 1986, S. 78 – 81 (Falken-Verlag)

16. aus: E. Sanders, Denktraining. Aufgaben und Lösungen, Wolfenbüttel 1986, S. 39 ff (© Kallmeyer'sche Verlagsbuchhandlung, Seelze-Velber)

17. aus: E. Sanders, Denktraining. Aufgaben und Lösungen, Wolfenbüttel 1986, S. 44 ff (Abb.) (© Kallmeyer'sche Verlagsbuchhandlung, Seelze-Velber)

18. aus: Lehrstellen-Report, Heft 1, Testtraining. Schulservice der Volksbanken und Raiffeisenbanken. Wiesbaden, akt. Auflage 1993, S. 46 (DG-Verlag)

19. aus: H. Stephan, Vertretungsstunden in der Grundschule, Stuttgart 1989, S. 114 (Klett-Verlag)

20. aus: U. Lauster, Rechtschreibespiele 3. Für das 5. und 6. Schuljahr, Reutlingen 1977, S. 33; Text verändert (Ensslin & Laiblin Verlag)

21. nach: H. Hustedt, / R. Hilke, Einstellungstests, Niedernhausen / Ts. 1992/93, S. 43 f; Text verändert (Falken-Verlag)

22. aus: Unterrichtsbogen 6, terre des homme BR Deutschland e.V., Osnabrück o. J. (Text verändert)

23. aus: H. Stephan, Vertretungsstunden in der Sekundarstufe I, 200 Konzentrations-, Sprach- und Sachaufgaben, Stuttgart, 1991, S. 65 (Klett-Verlag)

Quellen

Betz, G. / Geibert, E. u. a., Sprachschlüssel, Grundausgabe, 6. Schulj., Stuttgart 1984

Beyer, G., Rationelles Lesen leicht gemacht, Düsseldorf, Wien, New York 1988

Beyer, G., So lernen Schüler leichter. Gedächtnis- und Konzentrationstrainig, 2. Aufl., Düsseldorf, Wien 1986

Dambach, D. (Hrsg.), Witz, Quiz & Co, Sonderband, Ravensburg 1987

Delft, P van / Botermans, J., Denkspiele der Welt, München 1980

Der Große Duden. Synonymwörterbuch, bearbeitet von P. Grebe / W. Müller, Mannheim 1964

Der Große Duden. Stilwörterbuch, Bd. 2, bearbeitet von P. Grebe, Mannheim 1963

Dirsc, R., Spiele und Knobeln, München o. J.

Eysenck, H. J., Intelligenz-Test, Reinbek b. Hamburg 1982

Lehrstellen-Report, Heft 1 Testtraining. Schulservice der Volksbanken und Raiffeisenbanken, Wiesbaden 1993

Hustedt, H. / Hilke, R., Einstellungstests, Niedernhausen / Ts. 1992

Kirst, W. / Diekmeyer, U., Intelligenztraining, Stuttgart 1970

Lauster, P., Begabungstests, Reinbek b. Hamburg 1984

Lauster, U., Konzentrationsspiele 3. Für das 5. und 6. Schuljahr, Reutlingen 1978

Lehmann, J., 2 mal 3 plus Spaß dabei, Köln 1985

Mackensen, L., Deutsches Wörterbuch, 10. Aufl., München 1983

Meirowitz, M. / Jacobs, P. I., Fitneßtraining für Denker, Köln 1989

Ott, E., Optimales Denken. Trainingsprogramm, Reinbek b. Hamburg 1982

Sanders, E., Denktraining. Aufgaben und Lösungen, Wolfenbüttel 1986

Stephan, H., Vertretungsstunden in der Sekundarstufe I, 200 Konzentrations-, Sprach- und Sachaufgaben, 5. Aufl., Stuttgart 1993

Stephan. H., Vertretungsstunden in der Grundschule. 135 Rechen-, Sach- und Sprachaufgaben, 4. Aufl., Stuttgart 1992

Stephan, H., Vertretungsstunden in der Sekundarstufe I, 75 Arbeitsblätter mit spielerischen Sprachaufgaben, 1. Aufl., Stuttgart 1995

Titze, Ch., Keine Angst vor Einstellungstests, Niedernhausen/Ts. 1986

Vollmer, G. / Hoberg, G., Top-Training, Stuttgart 1994

DEUTSCH

**Arbeitsblätter
Gewaltdarstellung in
Literatur, Film, Fernsehen**
38 Arbeitsblätter mit
didaktisch-methodischen
Kommentaren
Sekundarstufe II
ISBN 3-12-927415-4

**Arbeitsblätter
Jurek Becker
„Bronsteins Kinder"**
26 Arbeitsblätter mit
didaktisch-methodischen
Kommentaren
Sekundarstufe II
ISBN 3-12-927414-6

**Unterrichtsideen
Textarbeit im
Deutschunterricht der
Sekundarstufe I**
Didaktische Kommentare und
methodische Anregungen zu
ausgewählten Texten und
Gattungen
ISBN 3-12-922675-3

**Unterrichtsideen
Integrierter
Grammatikunterricht**
Textproduktion und
Grammatik
5.-10. Schuljahr
ISBN 3-12-922654-0

**Unterrichtsideen
Textanalyse und Grammatik**
Vorschläge für den integrierten
Grammatikunterricht
5.-10. Schuljahr
ISBN 3-12-922672-9

**Unterrichtsideen
Lyrik in den Klassen 8-10**
Handlungs- und
produktionsorientierte
Vorschläge
ISBN 3-12-922711-3

**Unterrichtsideen
Lyrik in der Sekundarstufe II**
20 handlungs- und
produktionsorientierte
Vorschläge
ISBN 3-12-922681-8

**Unterrichtsideen
Europa entdecken –
Geschichten unserer Nachbarn**
19 Unterrichtsvorschläge für die
Klassen 8-10
ISBN 3-12-922661-3

**Interpretationshilfen
Lyrik des Expressionismus**
Sekundarstufe II
ISBN 3-12-922602-8

**Interpretationshilfen
Deutsche Kurzgeschichten von
1945 bis 1968**
Sekundarstufe II
ISBN 3-12-922606-0

**Interpretationshilfen
Deutsche Lyrik von der Klassik
zur Romantik**
Sekundarstufe II
ISBN 3-12-922605-2

Alle Titel der Reihen Arbeitsblätter, Interpretationshilfen und Unterrichtsideen finden Sie im Schulpraxiskatalog Nr. P710217. Fragen Sie Ihren Buchhändler oder bestellen Sie ihn direkt bei uns.

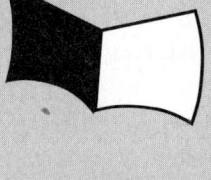

GESCHICHTE

**Arbeitsblätter
Das geteilte Deutschland
1945-1961**
18 Arbeitsblätter mit
didaktisch-methodischen
Kommentaren
Sekundarstufe I
ISBN 3-12-927866-4

**Arbeitsblätter
Das geteilte Deutschland
1961-1990**
15 Arbeitsblätter mit
didaktisch-methodischen
Kommentaren
Sekundarstufe I
ISBN 3-12-927871-0

**Arbeitsblätter
Deutschland von der
Kapitulation bis zum Mauerbau**
20 Arbeitsblätter mit
didaktisch-methodischen
Kommentaren
Sekundarstufe II
ISBN 3-12-927868-0

**Arbeitsblätter
Deutschland vom Mauerbau bis
zur Einheit**
21 Arbeitsblätter mit
didaktisch-methodischen
Kommentaren
Sekundarstufe II
ISBN 3-12-927872-9

**Arbeitsblätter
Frauen in der Geschichte**
19 Arbeitsblätter mit
didaktisch-methodischen
Kommentaren
Sekundarstufe I
ISBN 3-12-927873-7

**Arbeitsblätter Zeitreise –
Von der amerikanischen
Unabhängigkeit bis zur
europäischen Währungsunion.**
32 Arbeitsblätter für den
Geschichtsunterricht
Sekundarstufe I und II
ISBN 3-12-929480-5

**Unterrichtsideen
Spiele im Geschichtsunterricht
der Sekundarstufe I**
Spielformen, methodische
Anregungen und Materialien zu
ausgewählten Themen aus
Antike, Mittelalter und Neuzeit
ISBN 3-12-922691-5

**Unterrichtsideen
Textarbeit im
Geschichtsunterricht der
Sekundarstufe II**
Didaktische Kommentare und
methodische Anregungen zu
ausgewählten Quellen aus
Antike, Mittelalter und Neuzeit
ISBN 3-12-922626-5

**Stundenblätter
Die Entwicklung des
Parlamentarismus in
Deutschland 1848-1918**
Märzrevolution – Bismark –
Parteien im Kaiserreich
Neubearbeitung
Sekundarstufe II
ISBN 3-12-927859-1

**Stundenblätter
Rußland und die Sowjetunion
1905 bis 1990**
Zwischen Revolution und
Reform
Sekundarstufe II
ISBN 3-12-927849-4

**Alle Titel der Reihen Arbeitsblätter, Interpretationshilfen, Unterrichtsideen und Stundenblätter finden Sie im Schulpraxiskatalog Nr. P710217.
Fragen Sie Ihren Buchhändler oder bestellen Sie ihn direkt bei uns.**